8F
50569

I0052465

DELAHAUT 1942

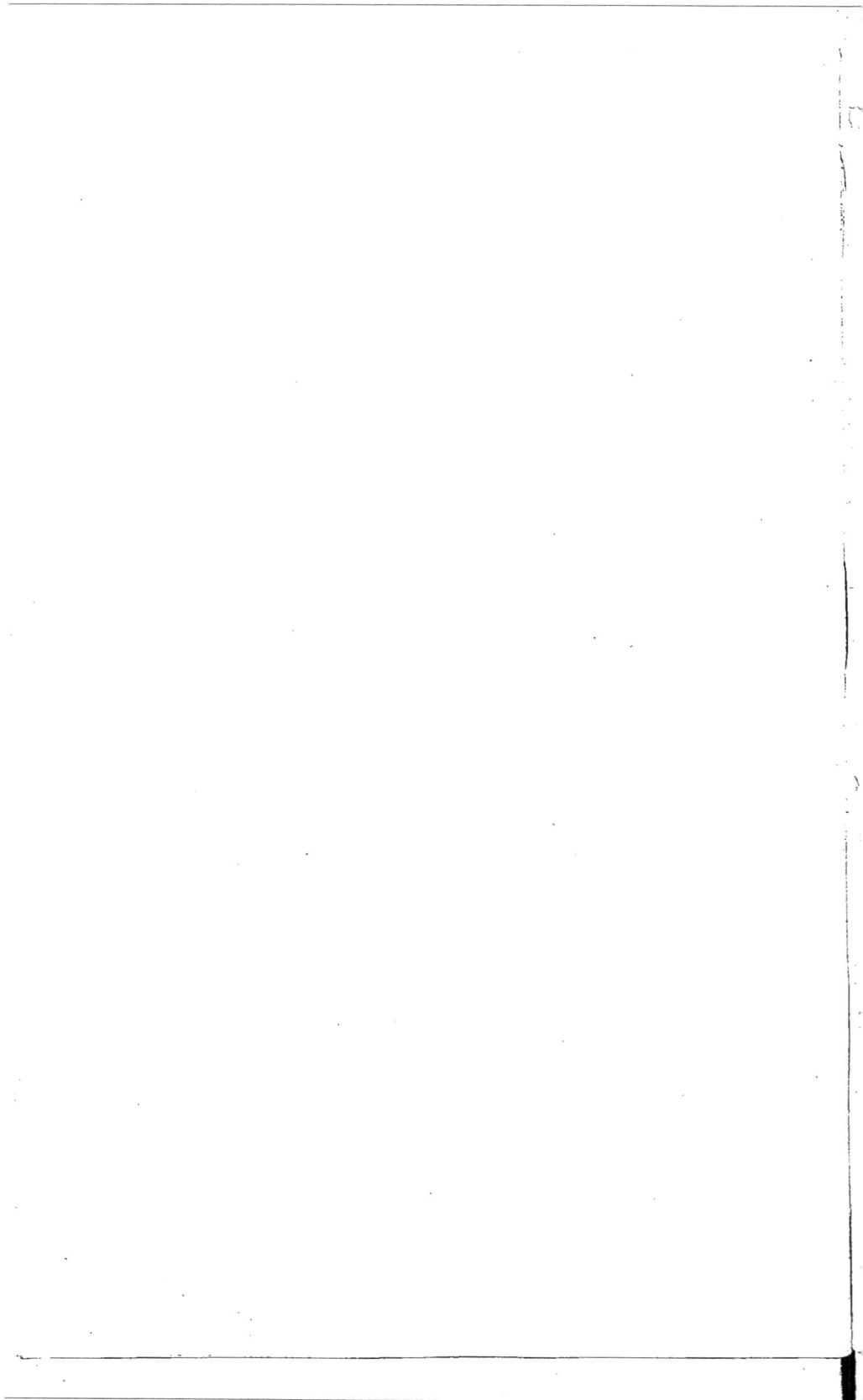

F

LA POSSESSION

DES MEUBLES

DANS LE DROIT ROMAIN, L'ANCIEN DROIT, ET LE DROIT ACTUEL.

THÈSE POUR LE DOCTORAT

PAR

A. CAREL.

CAEN

IMPRIMERIE DE E. POISSON, LIBRAIRE
Rue Froide, 18.

1855

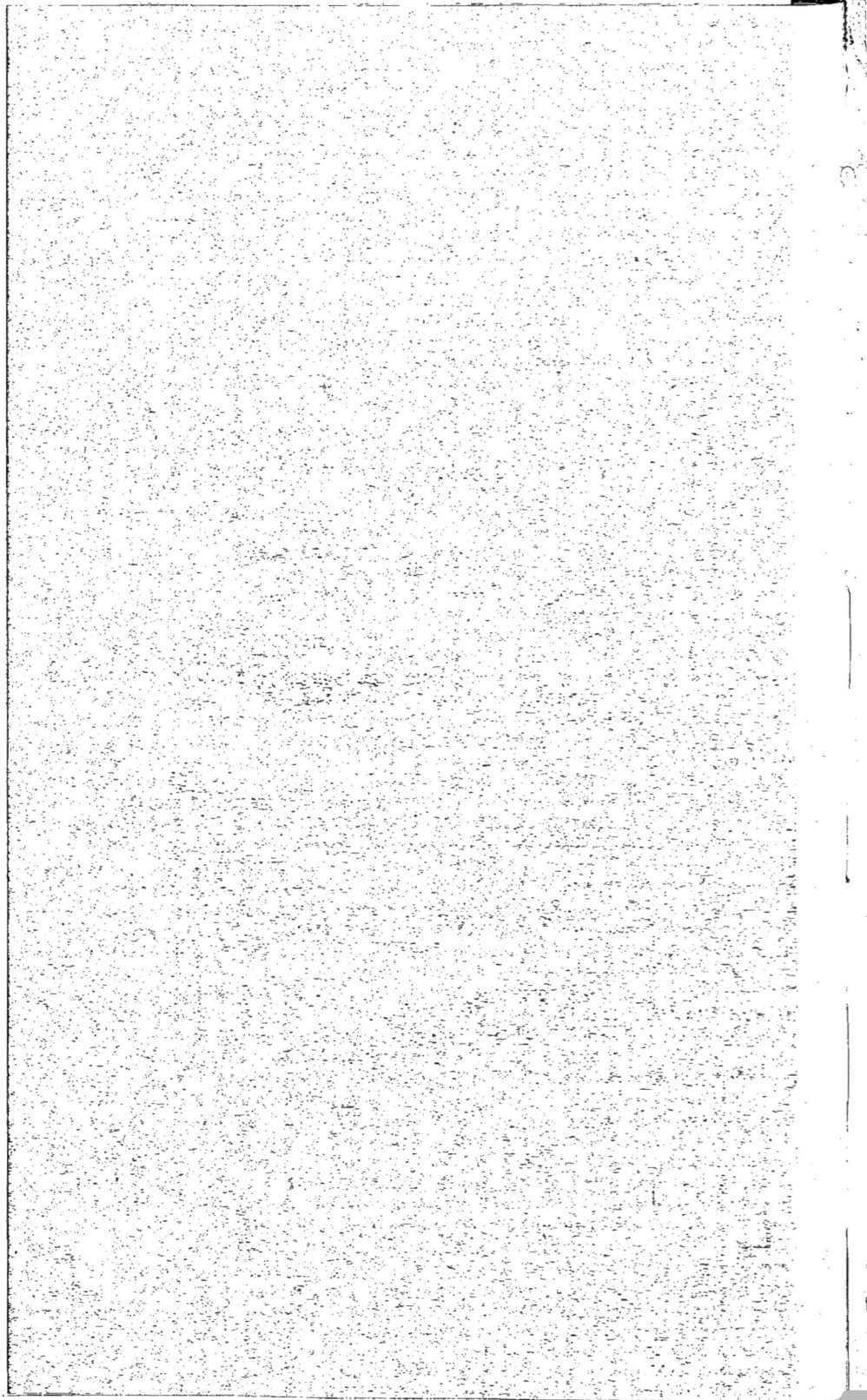

LA POSSESSION

DES MEUBLES

DANS LE DROIT ROMAIN, L'ANCIEN DROIT, ET LE DROIT ACTUEL.

THÈSE POUR LE DOCTORAT

QUI SERA SOUTENUE PUBLIQUEMENT LE MERCREDI 16 MAI 1855,

à 3 heures du soir,

Dans la grande Salle de la Faculté de Droit,

PAR

A. CABEL.

CAEN

IMPRIMERIE DE E. POISSON, LIBRAIRE

Rue Froide, 18.

—

1855

8º F
50569

F/26/78

DON
74-00672
(55)

Suffragants:

MM. DEMOLOMBE, *Doyen, président.*
TROLLEY,
BESNARD, } *Professeurs.*
CAUVET,
TRÉBUTIEN, *Suppléant.*

BIBLIOTHÈQUE NATIONALE R. F.

A LA MÉMOIRE DE MON PÈRE.

A MA MÈRE.

DROIT ROMAIN.

———o◦⦂⦂◦o———

§ I.

Il faut, avant d'étudier la possession du droit romain en *matière mobilière*, poser quelques notions générales sur son *essence*, sa *forme*, son *caractère* et ses *espèces*.

Pour nous la possession est un état de fait qui correspond à tout droit dont l'exercice n'entraîne pas l'extinction [1].

Pour les jurisconsultes romains, la possession ne correspondait qu'à un seul droit, le droit de propriété, de sorte que le droit de propriété se confondant pour eux avec son objet, de même qu'ils ont dit *rem habere*, de même ils ont pu dire *rem possidere*; de sorte que la vraie idée de possession se dégageant peu à peu, lorsque plus tard on reconnut dans le droit un état de fait correspondant à d'autres droits qu'au droit de propriété, on l'appela *quasi possessio* ; et encore faut-il dire que cette

[1] Art. 2228, C. N.

1

quasi possessio ne fut jamais étendue qu'aux droits démembrés de la propriété même.

L'essence de la possession romaine doit donc se chercher dans l'idée de *propriété*.

La propriété étant le droit de puissance immédiate et exclusive d'une personne sur une chose, la possession est donc *l'état de puissance immédiate et exclusive d'une personne sur une chose.*

Cet état de puissance suppose deux conditions : sur la chose, une action propre excluant toute action étrangère, le fait matériel, *corpus, naturaliter tenere* [1] ; dans l'être personnel, la conscience et la volonté, le fait moral *animus, affectio tenendi* [2].

M. de Savigny n'a voulu voir dans *l'animus* qu'une modification juridique de la détention corporelle qui serait donc ainsi l'essence de la possession [3] ; mais les sources présentent toujours *l'animus* comme un élément et non comme un mode : « Non possunt incipere possidere, quoniam *affectionem tenendi* non habent [4]. » Et la raison indique assez d'ailleurs que toute relation dont l'être personnel est le sujet, suppose nécessairement chez lui la conscience et la volonté [5].

« Possidere, a dit Donneau, non est corpore rem attingere, sed ita attingere, ut *affectum tenendi* habeas. »

[1] L. 1, pr. n. t. D.
[2] L. 1, § 3, eod.
[3] P. 101.
[4] L. 1, § 3, n. t. D.—L. 44, eod.
[5] Sic Molitor, p. 16.

§ II.

Il résulte de l'idée essentielle de possession telle qu'on l'a déterminée, que la possession n'est qu'un *fait*, puisque pour saisir cette idée essentielle, au droit de propriété il a fallu opposer l'état de fait correspondant.

La possession ne donnera donc aucun droit sur la chose, en sorte que le possesseur n'aura pas d'action *in rem* pour en réclamer la restitution, et au point de vue *objectif*, il sera vrai de dire : « *Eam rem facti, non juris esse* [1]. »

Mais si la possession ne donne aucun droit sur la chose, il faut dire que le possesseur puise en lui-même, dans l'inviolabilité de sa liberté, le *droit personnel* [2] de n'en être pas dépouillé sans raison, et par conséquent de se faire maintenir dans sa possession attaquée et de se faire restituer dans sa possession perdue ; en sorte qu'il faut ajouter, au point de vue *subjectif*, la possession est un *droit* : « *Plurimum ex jure possessio mutuatur* [3]. »

Fait et droit : fait par rapport à la chose, droit par rapport à la personne, tel est le double caractère de la possession considérée en elle-même.

---

[1] L. 1, § 3, n. t. D.

[2] Interdicta quamvis *in rem* videantur concepta, vi tamen *personalia* sunt.

[3] L. 1, pr. n. t. D.

§ III.

L'idée de possession s'est *formulée* dans le droit romain par deux institutions importantes ; l'une destinée à protéger cet état de fait, en tant qu'état de fait ; l'autre destinée à le transformer en un rapport de droit : l'une prétorienne, l'autre civile ; *les interdits possessoires,* et *l'usucapion.*

Quant aux autres droits qui compétent au possesseur, je les laisserai de côté, par un double motif : d'abord parce qu'avec M. de Savigny je pense qu'ils ne sont pas l'effet direct de la possession [1] ; ensuite parce que ces droits sont communs aux possesseurs des *res soli* et aux possesseurs des *res mobiles,* et que tout doit être spécial dans ce travail.

C'est ainsi que je ne m'occuperai ni de *l'occupation* ni de la *tradition* par le propriétaire, qui sont des *modes d'acquérir* dans lesquels la possession n'apparaît pas distincte de la propriété dont elle est plutôt le commencement que la cause : « Dominium rerum naturali possessione *cœpisse* Nerva filius ait [2] » ;

Ni du droit de se maintenir en possession par la force *cum moderamine inculpatæ tutelæ* [3], qui n'est que la dérivation du droit naturel de légitime défense : « Vim vi repellere licet, Cassius scribet, idque jus *natura* comparatur [4] » ;

---

[1] Sic Savigny, p. 10.—Contra Molitor, p. 24, 25.
[2] L. 1, § 1, n. 1. D.
[3] L. 1, C. unde vi.
[4] L. 1, § 27, de vi D.

Ni de la maxime : « *In pari causa melior est conditio possidentis,* » qui n'est que l'application aux actions réelles des règles générales de la preuve « actori incumbit probatio [1] » ;

Ni du droit de rétention, qui n'est qu'une modalité de l'*exceptio doli,* « scilicet opposita *doli mali* exceptione[2] » ;

Ni de la publicienne enfin, ni de la *fructuum perceptio,* qui ne sont l'une et l'autre que la conséquence d'une propriété présumée, et qui se rapportent ainsi : l'action publicienne aux principes de la revendication : « Publiciana in rem actio ad *instar proprietatis,* non ad instar possessionis respicit [3], » et la *fructuum perceptio* aux règles de l'accession : « Bonæ fidei emptor, quod ad *fructus attinet, loco domini* pene est [4]. »

Les *interdits,* au contraire, ne dérivent d'aucun principe étranger : le préteur les inscrivit à son album, pour défendre les possesseurs, par la seule raison qu'ils étaient possesseurs. « Cum de *possessione* aut *quasi possessione* inter aliquos contendebatur [5]. »

L'*usucapion* n'est pas un de ces modes d'acquérir dans lesquels la possession ne se puisse distinguer de la propriété : elle la précède, au contraire, elle en est la véritable *cause :* « Adjectio domini *per* continuationem *possessionis* [6]. »

---

[1] L. 24. de probat. D.
[2] L. 14, de dol. mal. except. D.
[3] L. 7, § 6, de Publ. in rem act. D.
[4] L. 48, pr. de acq. rer. dom. D.
[5] Inst., l. 4, t. xv, proœ.
[6] L. 3, de usuc. et usurp. D.

Les interdits possessoires et l'usucapion seront donc les seules *formes* sous lesquelles j'étudierai la possession en matière mobilière.

§ IV.

Par suite il ne faut distinguer que deux *espèces* de possessions : la possession prétorienne, que les jurisconsultes appellent simplement *possessio* ou *possessio ad interdicta,* qui consiste dans la détention matérielle jointe à l'*animus possidendi :* et la possession que les lois qualifient de *civilis* pour laquelle on exige de plus la *justa domini opinio ;* l'une que les interdits garantissent comme possession ; l'autre que l'usucapion transforme en propriété ; et quand le jurisconsulte Paul disait, dans le § 21 de la L. 3 D. n. t. : « *Unum est genus* possessionis, *species infinitæ,* » il entendait tout simplement parler des titres auxquels on peut acquérir la possession : « Tot sunt quot et *causæ adquirendi* ejus quod nostrum non est, velut pro empto, donato, etc.; » et non pas, comme l'a prétendu Molitor [1], à l'unité d'une notion générique de l'idée de possession, opposer la multiplicité d'espèces entraînant des effets de droit différents.

Après cet exposé général sur l'essence, le caractère, la forme et les diverses espèces de la possession en droit romain, nous devons expliquer ce qu'il y a de spécial aux meubles, quant à la manière d'en *acquérir* ou d'en *per-*

[1] P. 19.

dre la possession ; quant au droit de la *retenir* et de la *recouvrer ;* enfin quant aux conditions requises pour la *transformer* en propriété par l'*usucapion.*

§ V.

La possession étant l'état de puissance immédiate et exclusive d'une personne sur une chose, cet état ne peut se produire qu'à une double condition : la soumission matérielle de la chose à notre puissance, *corpore*, par un acte de notre volonté, *animo* [1].

Le fait matériel par lequel on acquiert la détention devra toujours être un acte *réel*.

On comprend en effet que pour établir un certain rapport de droit, on imagine une *possessio ficta*, comme dans la revendication, par exemple, contre le défendeur *qui dolò desiit possidere,* ou *qui se liti obtulit.* On comprendrait encore que pour arriver à une *ficta possessio* on supposât un acte d'acquisition, un *corpus* symbolique, l'effet étant alors proportionné à la cause ; mais ce qu'il est impossible d'admettre, c'est qu'une acquisition *symbolique* donne une possession *réelle,* qu'une fiction produise un fait.

Tout acte de prise de possession est donc un acte réel.

Mais cet acte réel est plus ou moins énergique, suivant

---

[1] L. 153, de reg. jur. D.

que l'acquisition de la possession est unilatérale ou bilatérale, suivant qu'il y a *appréhension* ou *tradition*.

Pour *l'appréhension*, il faut le contact immédiat, *tactus, contrectatio*.

Ainsi le *thesaurus* enfoui dans un champ ne sera possédé que du moment où il aura été levé *supra terram* [1], ou tout au moins remué de place : *si loco motus sit* [2].

Ainsi il n'y aura *furtum*, c'est-à-dire prise de possession frauduleuse de la chose d'autrui que s'il y a eu *contrectatio* [3].

Pour *la tradition*, au contraire, la présence de l'objet mobilier suffit : « S*i in re præsenti consenserint* [4], » la prise de possession a lieu *oculis et affectu*.

Et cette différence entre l'appréhension et la tradition s'explique logiquement.

Celui qui, sans le consentement du possesseur, se met en présence d'un objet mobilier, avec l'intention de se l'approprier, acquiert bien ainsi la puissance *immédiate*, mais il n'acquiert pas la puissance *exclusive* : il ne dépossède pas le possesseur ; et il est de principe qu'un même objet ne peut supporter deux possessions à la fois : « Plures *eamdem* rem *in solidum* possidere non possunt [5]. »

Celui qui, au contraire, mis par le possesseur lui-même en présence de l'objet mobilier en reçoit la *vacua pos-*

---

[1] L. 44, pr. n. t. D.
[2] L. 3, § 3, n. t. D.
[3] L. 1, § 3 et § 1, de furt. D.
[4] L. 1, § 21, n. t. D.—*Sic* L. 79 de solut. D.—L. 31, § 1 de donat. D.
[5] L. 3, § 5, n. t. D.

sessio, acquiert par la présence de la chose la puissance immédiate, et par l'abdication du possesseur la puissance exclusive.

Mais la présence de l'objet mobilier doit, dans tous les cas, être telle qu'il soit possible à chaque instant de l'appréhender.

Si donc la chose est renfermée dans des magasins, outre la présence *apud horrea* [1], il faudra encore la remise des clefs, *si claves traditæ sint,* et il n'y aura rien de *fictif,* ni dans la remise des clefs, qui donne seul la puissance exclusive, ni dans la présence des magasins sans laquelle la puissance ne serait pas immédiate.

Un seul cas existe où la présence de l'objet n'est pas nécessaire, c'est celui où la chose aura été remise dans une maison par mon ordre [2] : « Quid enim interest inferantur *volente eo* in domo ejus, an tradantur [3] ; » et il devait en être ainsi, quoiqu'en dise Molitor [4], car on acquiert ainsi la puissance immédiate à cause du droit *de custodia* et la puissance exclusive, à cause de l'inviolabilité du domicile.

Il y a deux lois qui semblent contrarier les principes que nous venons d'énoncer sur l'acquisition de la possession des objets mobiliers.

La première paraît décider que la *contrectatio* ne suf-

[1] L. 74. De contrah. empt. D.
[2] L. 18, § 2. n. t. D
[3] L. 9, § 3. De jure dot. D.
[4] P. 61.

fit pas toujours ; la seconde que la *præsentia rei* n'est pas toujours nécessaire.

La première de ces lois est ainsi conçue : « Si dolium *signatum* sit ab emptore, Trebatius ait, *traditum id videri* ; Labeo *contra*, quod *verum est*[1]. »

A cette loi on répond par la loi 14, § 1, au même titre : « Videri autem trabes *traditas* quas emptor *signasset.* »

Tous les docteurs ont cru voir dans les deux lois précitées l'application de deux règles contraires, et pour dégager la raison de cette contrariété, ils ont analysé chaque espèce particulière, et suivant que chacun a été frappé par un caractère différent, il en a fait le fondement de sa distinction.

C'est ainsi que selon Mulenbruck la *signatio* ne vaudra, comme tradition, que pour les objets qui ne sont pas contenus dans un autre ; selon Pothier, que pour les objets d'une grande masse ; mais ils n'ont pas vu que de ces deux lois, l'une porte sur le *corpus* et décide que la *signatio*, jointe à l'*animus possidendi*, suffit pour opérer l'appréhension ; l'autre, vise l'*animus* et décide que dans le cas de vente d'un *dolium vini* la *signatio* ne fait pas nécessairement supposer l'*animus possidendi*, mais peut bien n'être qu'une simple précaution, *ne summutetur.*

Et cette interprétation est tirée de la nature même du contrat : les ventes de vin étant ordinairement condi-

---

[1] L. 1 § 2. De peric. et Commod. rei vend. D.

tionnelles à la *degustatio* ou à la *mensura* ; « videlicet tunc plenissimum veneat cum fuerit degustatum. » « Prius quam admetiatur vinum, prope nondum venit. » Le fait de la *signatio* qui peut s'expliquer autrement, « magis ne summutetur quam tradatur, » ne doit pas faire présumer une tradition qu'on n'est dans l'habitude de faire qu'après avoir dégusté et mesuré le vin, *magis solere.*

Il résulterait, au contraire, des termes d'un rescrit de Sévère et d'Antonin[1], que la remise des titres *instrumentis donatis et traditis*, suffit pour transférer la possession : *ipsorum mancipiorum traditionem factam.* Mais ce n'est là qu'une réponse sur une espèce donnée, et les circonstances du fait énoncées dans la requête n'étant pas reproduites dans le rescrit, il faut supposer que la remise des titres avait eu lieu en présence des esclaves[2].

Les choses mobilières qui font partie d'une *universitas facti* sont appréhendées ou livrées, non-seulement comme parties intégrantes du tout, mais *ut res singulares* « verum est aurum et gemmam possideri et usucapi[3]. »

Il faut cependant faire deux remarques : la première, c'est qu'on n'entend pas parler ici des *universitates quæ ex distantibus constant*, qui, n'ayant d'existence que *in intellectu*, ne peuvent être susceptibles de la possession *quæ in facto consistit :* le tout ne pouvant être possédé comme tel, « *non universi gregis est usucapio*, » chacune

[1] L. 1. De donat. C.
[2] De Savigny, p. 226. — *Sic* Molitor, p. 66.
[3] L. 30, § 1. De usurp. D.

des choses devra être possédée individuellement, *sed singulorum animalium* sicuti possessio, ita et usucapio [1].

La seconde remarque, c'est qu'on n'entend parler que des choses qui, unies à des objets connexes, *quæ ex cohærentibus constant*, conservent leur individualité, *si utrumque maneat integrum*. Sinon, perdant avec leur forme propre leur existence juridique, elles ne sont plus possédées que comme parties intégrantes du tout connexe.

Toutefois, la règle ci-dessus n'est vraie que si le tout connexe est un meuble, *si mobilia permanent ;* s'il s'agissait d'une *res soli, velut œdificium*, les choses mobilières, bien que conservant leur forme, ne seraient possédées que comme parties intégrantes : la raison en est que si elles conservent leur forme, elles perdent leur nature mobilière, et qu'il répugnerait, *minime jure civili conveniens*, qu'une même chose fût à la fois meuble et immeuble et comme telle soumise à deux usucapions différentes : *ut una res diversis temporibus usucapiatur*.

Deux lois paraissent contredire et la règle que nous avons établie, et l'exception que nous venons d'y apporter.

Il semble résulter des termes de la L. 7, § 1, ad exhib. D., » Si rotam meam vehiculo aptaveris, teneberis ad extribendum, *quamvis civiliter non possideas*, » que le possesseur du chariot ne possède pas la roue qu'il y a adaptée, bien qu'elle ait conservé sa forme de roue.

---

[1] L. 30, eod.

Et la L. 30, § 1, de usurp. D., « si is cui ad te-
gulorum vel columnarum decem dies superessent, in
ædificium eas conjecisset, *nihilominus eum nsucaptu-*
rum si ædificium possedisset, » attribue formellement
la possession des briques et des colonnes, *ut res singulæ,*
au constructeur qui les a employées dans un édifice.

Il faut répondre que la première loi n'exclut que la
possessio ad usucapionem, la *possessio civilis : civiliter :*
et non pas la possession *ad interdicta;* et que la seconde
n'a trait qu'à la manière de continuer une possession
commencée : *si decem dies superessent,* et non à celle
de l'acquérir.

§ VI.

L'idée de possession entraînant la double condition
d'un état naturel produit par un acte volontaire, la
possession devra cesser, cessant l'une ou l'autre de ses
conditions constitutives ; *possessionem amitti vel animo*
vel corpore [1].

Cependant on ne pourrait exiger, pour que la possession continuât, que la puissance sur la chose fût perpé-
tuellement immédiate, il suffit que l'exercice en soit
possible à volonté « quatenus *si velimus* naturalem possessionem nancisci possimus [2] » et la possession ne sera
perdue *corpore* que par un *contrarius actus* [3].

[1] L. 44, § 2. n. t. D.
[2] L. 3, § 13, eod.
[3] L. 153, de reg. jur. D.

Il y a *contrarius actus* lorsqu'un autre s'est emparé de l'objet de vive force ou clandestinement [1].

Ou bien alors même que personne n'en aurait acquis la possession lorsque la chose se trouve placée dans un endroit inaccessible [2] ou inconnu [3], en un mot lorsqu'elle est soustraite à la *custodia* [4].

Une exception assez curieuse a été introduite à la règle : dans tous ces cas l'esclave peut, par la volonté du retour, conserver au maître la possession de sa personne « potest homo, proposito redeundi, domino possessionem sui conservare [5] »

Enfin la possession des choses mobilières se perd par la *transformation* qui en est la destruction juridique, *mutata forma res interit.*

§ VII.

Sans prétendre, comme un savant allemand [6], que l'origine des interdits possessoires se ramène à une question de races : que les *Rhamnes* ou *Romains* représentaient la *matière*, la *possession*, les *interdits* ; les *Quirites* ou *Tities*, au contraire, l'*esprit*, le *droit*, les *actions*, et que l'antagonisme ancien se perpétua entre les plébéiens et les patriciens ; il faut dire cependant, avec

[1] L. 15. n. t. D.
[2] L. 13, pr. eod.
[3] L. 25, eod.
[4] L. 3, § 14, eod.
[5] L. 47, eod. (La même idée a fait considérer l'esclave fugitif comme *res furtiva*.)
[6] Huschke, p. 65.

Nieburh et de Savigny, que l'origine des interdits se rattache, d'après toutes les vraisemblances, à l'une des plus anciennes institutions du droit public, la distinction de l'*ager publicus* et de l'*ager privatus*.

Dans le principe, les concessions de l'*ager publicus* faites par la république aux citoyens, n'étant garanties par aucune loi, et les termes étroits des actions du droit civil ne pouvant s'y appliquer, pour protéger les possesseurs contre l'arbitraire du trouble et de la violence, le préteur, en vertu de son *imperium*, rendait une ordonnance ou portait une défense directe ; *restituas, veto*. Cette ordonnance ou cette défense devenait comme la loi des deux parties (*interdictum*), et la violation de cette loi conduisait à une sorte d'action devant le juge.

Plus tard les interdits appliqués par utilité à la possession de l'*ager privatus*, furent étendus même à celle des *res mobiles* et leurs formules élargies, sont les seules traces qui soient restées de la *possessio* primitive.

Les interdits possessoires ne reposent donc pas sur la violation d'un droit réel, comme l'ont voulu certains auteurs puisque la *possessio* de l'*ager publicus* n'était qu'une concession de fait ; non plus que sur ce principe que toute violence en soi est illégale et comme telle doit être réprimée, ainsi que l'enseigne M. de Savigny, puisque les interdits s'appliquent à des cas nombreux où il n'y a pas de violence ; mais sur ce qu'il y avait violation d'un droit personnel, atteinte à la liberté humaine qui communique à la chose possédée l'empreinte de son inviolabilité.

Il y a deux espèces d'interdits possessoires ; les interdits *retinendæ et recuperandæ possessionis* qui correspondent à deux divisions plus générales des interdits, les *interdicta prohibitoria et restitutoria.*

N. Il faut laisser de côté les interdits *adipiscendæ possessionis*, qui ne sont pas des interdits possessoires, puisque le demandeur n'appuie sa prétention sur aucune possession actuelle ou passée[1].

§ VIII.

La possession des immeubles était garantie par deux interdits ; *uti possidetis* et *unde vi,* l'un prohibitoire, l'autre restitutoire.

La possession des meubles n'était défendue que par un seul, l'interdit *utrubi* qui présentait avec l'interdit *uti possidetis* des différences importantes ; « quorum vis ac potestas plurimam inter se differentiam habebat[2]. »

Voici les termes mêmes de cet interdit, tels que les rapporte Ulpien[3].

« *Utrubi hic homo de quo agitur majore parte hujusce anni fuit : quominus is eum ducat vim fieri veto.* »

Deux propositions sont également certaines et fondées sur des textes précis qui paraissent pourtant inconciliables : c'est que l'interdit *utrubi* est *retinendæ possessio-*

---

[1] De Savigny, p. 426.
[2] Inst.
[3] L. 72, ad edict. L. 1, pr. utrubi, D.

nis : et qu'il sert la plupart du temps à *recouvrer* la possession perdue.

Que ce soit un interdit *retinendæ possessionis;* sa forme même l'indique, il est prohibitoire, *vim fieri veto ;* Gaius[1] et Paul[2] le déclarent d'ailleurs expressément, « *retinendæ possessionis.... quale est uti possidetis* de *rebus* soli, *et utrubi de re mobili.* »

Qu'il serve la plupart du temps à recouvrer la possession perdue, c'est ce qui ressort des termes mêmes où il est conçu : *Utrubi.... majore parte hujusce anni fuit ;* c'est ce qu'explique très-clairement Théophile[3], « *ergo tu possessione mihi restituta....* »

La contrariété apparente de ces dispositions disparaît devant l'explication suivante : l'interdit *utrubi* est *retinendæ possessionis* en ce sens qu'on ne peut s'en prévaloir qu'à la condition de se prétendre possesseur *actuel;* il est *recùperandæ possessionis,* en ce sens que le préteur n'admettra comme preuve de la possession actuelle que la *possessio majoris partis anni.*

Juridiquement, d'après la forme de conclusions et la présomption du droit, l'interdit est *retinendæ possessionis.*

En réalité, et quant au résultat de fait, il peut être *recuperandæ possessionis.*

Cette explication diffère de celle donnée par M. de Savigny et adoptée par M. Molitor, en ce seul point que,

---

[1] Gaï. 4, 148.
[2] Paul, 5, 6, § 1.
[3] Théoph. Inst, 4, 15, § 4.

suivant moi, pour invoquer l'interdit *utrubi*, il fallait se
dire possesseur actuel ; et cette nécessité résulte clairement des textes ; d'un côté, en effet, la loi 1, § 1 *de vi* D.
et le § 5 des fragments de Paul, 5. 6. qui énumèrent les
moyens de droit par lesquels on peut réclamer la restitution de la possession des meubles ne mentionnent pas
l'interdit *utrubi* ; et d'un autre côté Théophile, exposant
l'espèce où il décide que la possession sera restituée, *restituta possessione*, nous montre les deux parties prétendant également à la possession actuelle : « Dixi ego si
tu te dominum esse putas, *ecce ego servum possideo...
eadem et tu dicebas*[1]. »

Ajoutez à cela que tant que les interdits furent spé-
ciaux, l'objet mobilier devait être présent : « *hic homo,
quominus is ducat.* » Ce qui implique nécessairement
une prétention réciproque à la possession actuelle ; et
qu'enfin il eût été trop étrange (*inelegans*) de supposer
la possession à celui qui par la demande même eût avoué
ne pas l'avoir.

Dans le droit nouveau aucune différence ne distingue
plus l'*utrubi* de l'*uti possidetis :* cette assimilation fut
certainement l'œuvre de Justinien, et le passage d'Ulpien
au Digeste a, sans aucun doute, été interpollé ; car dans
aucune source on ne retrouve la trace de cette innovation, ni dans le commentaire de Gaïus, ni dans les fragments de Paul, ni dans aucune constitution de Dioclé-
tien.

[1] Théo. Inst. 4, 15, 4, pr.

§ IX.

Nous avons dit que dans le principe il n'y avait d'interdit restitutoire que pour les immeubles, l'interdit *unde vi* : cet interdit s'appliquait bien encore aux meubles « *quæ in fundo erant* »[1] et Zénon avait même accordé au demandeur le serment *juramentum Zenonianum*[2], pour en établir la disparution et la valeur, mais il est certain qu'il ne s'étendait pas aux meubles pris isolément[3].

Cette lacune s'explique aisément lorsqu'on se rappelle que dès les premiers temps trois actions civiles ; l'*actio fuerti, vi bonorum raptorum* et *ad exhibendum* épuisaient la plupart des cas de dépossession des *res mobiles*, et que les autres tombaient alors sous l'application de l'interdit *utrubi*.

Cependant, bien avant même que Justinien n'eût assimilé l'*utrubi* à l'*uti possidetis*, une constitution de Valentinien qui n'avait de spécial que l'occasion, étendit aux meubles la garantie de l'interdit *unde vi*, en décidant d'une manière absolue et sans distinction que celui qui se ferait justice à lui-même, devait immédiatement restituer la chose enlevée au possesseur. « Possessionem quam abstulit restituat possessori[4]. »

---

[1] L. 1, § 6, in fin. de vi. D.
[2] L. 9. C. 8, 4.
[3] L. 1, § 6. de vi. D.
[4] L. 7, unde vi. C.

Et c'est en vain que **MM.** Molitor et Thibault ont voulu contester cette extension de l'interdit *unde vi*, par le motif que les trois actions civiles précitées suffisaient, et que le bénéfice de la constitution de Valentinien pouvait être invoqué par les simples détenteurs ; puisque, d'un côté il est certain que pour intenter les actions civiles la possession ne suffisait pas, qu'il fallait encore un intérêt fondé sur un droit [1] et que d'un autre côté il résulte des textes même de la constitution, que les possesseurs seuls peuvent l'invoquer : *restituat possessori :* j'ajouterai, après **M.** de Savigny, que c'est peut-être dans l'extension de l'interdit *unde vi* aux meubles, qu'il faut rechercher la cause de l'assimilation définitive de l'interdit *utrubi* et de l'interdit *uti possidetis.*

§ X.

Lorsque cette possession que garantissent les interdits prétoriens, *possessio*, se trouve accompagnée de circonstances extrinsèques, telles que la bonne foi, *cogitatio dominii*, fondée sur un juste titre, *modus adquirendi*, elle entre dans le droit civil qui, au bout d'un certain laps de temps, la transforme en propriété « *usucapio est adjectio dominii per continuationem possessionis.* »

Dès le principe, on comprit que s'il importait à l'in-

---

[1] L. 53, § 4. L. 71, § 1 de furt. D.
L. 2, § 22-24. Vi bon. rapt. D.
L. 3, § 9, 10, 11, ad exhib. D.

térêt public, *bono publico*, que la propriété des biens ne restât pas dans une perpétuelle incertitude, *ne diutius dominia rerum in incerto manerent*, c'était surtout en matière de meubles, dont la circulation plus rapide (*res mobilis!*) suscite des intérêts plus nombreux, et la loi des XII Tables n'exigea pour l'usucapion des meubles que la possession d'une année, tandis qu'elle exigeait un temps double pour les immeubles.

Mais si cette brève usucapion semblait donner quelque garantie au crédit, les exceptions apportées par la loi des XII Tables elle-même, et étendues par la loi Attinia et la loi Plautia, vinrent en réalité annihiler la règle.

Sans parler, en effet, des *res sacræ, sanctæ, publicæ, populi romani, civitatum, fisci, vi possessæ* qui ne pouvaient être acquises par usucapion, la catégorie des *res furtivæ* que la loi des XII Tables et la loi Attinia avaient soustraites à l'usucapion, était si large que Gaïus, et Justinien après lui, ont cru nécessaire de donner quelques exemples d'usucapion de meubles, pour montrer que l'exception n'avait pas tout-à-fait envahi la règle, et que le cas était encore possible.

Pour qu'il y ait *furtum*, et par suite *res furtiva*, il suffit en effet de la *contrectatio fraudulosa vel ipsius rei, vel etiam usus, possessionisve*.

Celui qui, dans un esprit de gain, *lucri faciendi causa*, prend, *sustulit*, reçoit, *acceperit* ou transmet *tradiderit*, la possession d'un objet mobilier dont il sait n'être pas propriétaire, *mala fide;* non-seulement ne peut l'usucaper lui-même, puisque d'ailleurs il est de mauvaise foi (*scilicet quia malafide possidet*) [1], mais en rend toute usucapion impossible *in infinitum*, même entre les mains des possesseurs de bonne foi : *sed ne ullus alius quamvis bona fide usucapiendi jus habeat* [2].

La chose ne cessait d'être imprescriptible qu'alors qu'elle avait cessé d'être furtive ; et autant étaient faciles les conditions qui constituaient le *furtum*, autant étaient rigoureuses les conditions exigées pour le faire disparaître.

Il fallait que ce fût le propriétaire lui-même, *dominus* [3] ou son mandataire légal, *tutor*, [4] qui d'une façon légitime, *juste ut avelli non possit* [5], eût repris possession de sa chose sachant à la fois par lui-même, *non per procuratorem* [6], et que la chose lui avait été enlevée, *rem sibi subreptam esse*, et qu'elle était rentrée en sa puissance, *et eamdem in potestatem rediisse*. [7]

On avait pourtant considéré comme équivalant à cette reprise de possession, le fait par le propriétaire d'avoir reçu en justice l'estimation de la chose, *si litis æstimationem accepero* [8], ou bien de l'avoir vendue au voleur *si fur rem furtivam a domino emerit* [9], ou de lui avoir

---

[1] Inst. De usuc., § 2.
[2] Eod.
[3] L. 4, § 6. De usurp. D.
[4] § 11. Eod.
[5] § 12. Eod.
[6] L. 44. Eod,
[7] L. 4, § 7. De usurp. D.
[8] § 13. Eod.
[9] L. 32. Pr. Eod.

permis de la livrer *si voluntate mea alii tradita sit* [1].

Cassius et Sabinus assurent même qu'il suffisait que le propriétaire eût pu revendiquer : *si ejus vindicandæ potestatem habuerit* [2].

Toujours est-il que l'exception des *res furtivæ* avait réduit l'usucapion à n'être plus qu'une apparence en matière de meubles, et Gaïus en convenait tout le premier : *unde in rebus mobilibus non facile procedit ut bonæfidei possessoribus usucapio competat* [3].

L'empereur Justinien [4] prolongeant la durée de l'usucapion pour les immeubles par un malheureux esprit de symétrie, crut devoir étendre d'un an à trois le temps exigé pour l'usucapion des meubles, et cela en laissant subsister les exceptions de la loi des XII Tables et de la loi Attinia dans toute leur portée, changeant ainsi ce qui devait être gardé et gardant ce qui devait être changé.

D'après tout ce qui vient d'être exposé, on voit que si la législation romaine avait entrevu, sous le rapport de la possession, une distinction à faire entre les meubles et les immeubles, cette distinction ne s'était pas traduite dans les institutions ; pour les actions possessoires l'assimilation était devenue complète en droit et en fait, et pour l'usucapion, s'il y avait en principe une certaine différence, en application elle était nulle de l'aveu de Gaïus lui-même.

---

[1] L. 4, § 14. De usurp. D.
[2] L. 225. De V. S. D.
[3] Gaï. 2. 50 pr.
[4] De usuc. Transf. C.

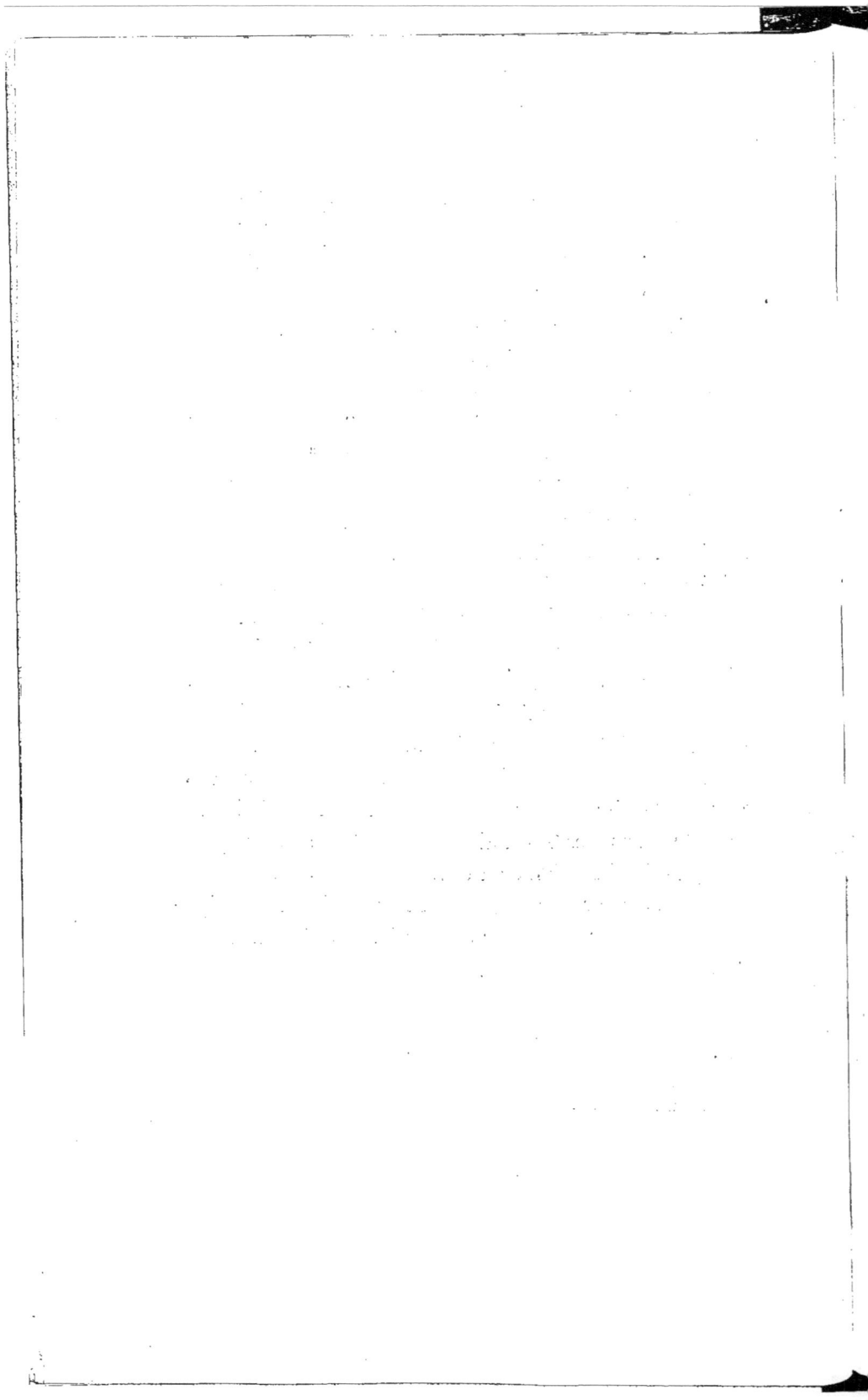

DROIT FRANÇAIS.

ANCIEN DROIT.

Il en fut tout autrement du Droit français.

Dans le principe, meubles et immeubles, sous le rapport de la garantie possessoire, sont en tout soumis aux mêmes règles ; mais peu à peu s'établit une différence qui devient de plus en plus tranchée, jusqu'à ce qu'enfin, sous la législation actuelle, elle finisse par devenir un contraste complet.

Sous le rapport de la garantie pétitoire, on posa, dès le commencement, un principe tout particulier pour les meubles : mais ce principe contrarié dans son développement par l'usucapion du droit écrit, ne l'a emporté définitivement que dans notre code.

Je me propose de montrer comment, pendant que disparaissait peu à peu l'action possessoire en matière mobilière, la maxime toute nationale : « *En fait de meubles, possession vaut titre,* » triomphait de l'usucapion.

Des actions possessoires en matière de meubles.

Je commencerai par l'étude des actions possessoires,

et il me faudra d'abord donner quelques notions générales sur la *saisine*, son origine, sa forme et sa nature, avant d'étudier ce qu'elle peut présenter de particulier en matière de meubles.

C'est une erreur commune aux écrivains de l'école historique de vouloir, quand même, faire remonter à des époques très-reculées l'origine des institutions dont ils étudient les développements, comme si elles devaient emprunter à l'ancienneté des traditions quelque chose de plus vénérable et de plus sacré.

C'est ainsi que plusieurs jurisconsultes du xve siècle, dont Brodeau, ont cru trouver l'origine des actions possessoires dans un titre de la loi salique, et que de nos jours, renchérissant encore sur cette prétention, un éminent auteur a voulu retrouver leur institution dans les usages Celtiques.

Mais la vérité est que les fragments invoqués n'ont pas plus trait l'un que l'autre aux actions possessoires.

Le titre *de eo qui* de la *lex emendata*, retouchée par Charlemagne, à la fin du viiie siècle, et qui, dans l'ancienne loi était sous la rubrique *de migrantibus* ne s'occupe que du droit de jouissance en commun des biens de la *villa* au profit des *migrantes* et consacre une vraie prescription qu'on retrouve plus tard dans de nombreuses chartes appliquées au droit de bourgeoisie [1].

---

[1] « Si quis migraverit in villam alienam, et ei aliquid infra duodecim menses, secundum legem contestatum non fuerit, securus ibidem consistat, sicut et alii vicini. »

Il en est de même du fragment du recueil rédigé au x⁰ siècle par Houel-le-Bon, roi du pays de Galles, où s'était réfugiée une famille des Kimry, celte d'origine, armoricaine de patrie, qui retracerait, d'après le système de M. Laferrière, les principes anciens du droit celtique dans l'Armorique, restée toujours inaccessible à la civilisation et aux lois romaines ; c'est une vraie prescription qu'il consacre [1].

L'origine de nos actions possessoires est toute féodale et toute française.

Et, chose digne de remarque ! c'est qu'elle présente avec l'origine des interdits romains une analogie frappante.

De même, en effet, que le citoyen à qui avait été faite une concession de l'*ager publicus* ne pouvant se servir de la revendication contre le spoliateur, invoqua sa possession et que le préteur imagina l'interdit *de vi* pour le faire restituer, de même le tenancier dépouillé invoqua sa *saisine*, c'est-à-dire sa mise en possession par le suzerain, avec les formalités symboliques [2], et l'action de dessaisine devint le germe du système possessoire.

Les moyens de preuve étant rares, et aussi en haine de la suzeraineté, on imagina que la *souffrance* du seigneur pendant an et jour *valait saisine*, et de ce moment fut constituée l'action possessoire du Droit français.

Telle est la vraie origine de nos actions possessoires. Les phases de leur développement peuvent se ranger sous trois époques :

---

[1] « Lis enim mortua est utpote intra annum et diem non contestata. »
[2] Per *pilum*, per *cespitem*, per *virgam*, per *baculum*, per *festucam*, etc.

La première, du ve siècle à la fin du XIIIe, de Charlemagne à Beaumanoir.

La seconde, de la fin du XIIIe au milieu du XIVe, de
Beaumanoir à Simon de Bucy.

La dernière, du XIVe siècle au XIXe, de Simon de Bucy
à Napoléon.

Première époque. — Malgré l'effort tenté par Charlemagne[1], malgré la tradition romaine conservée encore
dans le midi de la France[2], *la force* resta longtemps la
première et la plus sûre garantie de la *saisine*, et Britton[3]
put encore écrire au XIIIe siècle : « *Le premier remédie
de disseisine est al disseisi de recoyller amys et force
et sans délai faire engetter le disseisours.* »

Ce n'est que si la force ne réussit pas qu'on a recours
au droit.

« *Si nullo modo expellere possit, ad superioris auxi-
lium erit recurrendum*[4]. »

Et encore ce recours, cette *complainte en disseisine*
ne fut-elle, dans le principe, que la régularisation de la
violence, le *combat*.

D'après Jean d'Ibelin, dont le livre représente les
usages importés en Orient par les premiers croisés, le
dessaisi doit présenter requête à son seigneur, *mettre
sus forces, ou claim de la desseisine, l'euffrir à prouver,
et il aura tornes de bataille*[5].

---

[1] Capit. 161, Livre IV. « Si possessor per violentiam expellatur. »

[2] Petri exceptiones, livre écrit au XIe siècle, cap. 2, « *de rapina mobilis
rei.* » Cap. XI, « *de invasione immobilium.* »

[3]

[4] La fleta.

[5] Chap. 64, « *que l'on deit dire et faire de ce quei l'on l'a dessaisi.* »

Plus tard le combat disparut peu à peu : le roi se réserva la connaissance du cas de dessaisine.

Suivant l'ancien coutumier de Normandie [1], où l'on rencontre pour la première fois la *plet* de la possession nettement distingué du *plet* de la propriété, la formule du *brief de dissaisine* est ainsi intitulé : « *Ly roys ou ly sénéchaux mande saluz au bailly du leu.* »

Vers 1253 ou 1277, Pierre Desfontaines traite de la compétence des baillis *en matière de force et de dessaisine* [2], et malgré Beaumanoir écrivant : *Noveles dessaisines* sont *de nouvel établissement* [3], » on peut dire que Saint-Louis ne fit que consacrer un droit préexistant en accordant une action et une exception aux dessaisis [4].

Telle est la première période dans laquelle on voit naître et se développer la *complainte de dessaisine ;* mais la condition d'annalité dans la possession n'est pas formulée, la durée de l'action n'est pas définie, et rien ne protége encore celui qui sans être dépossédé est troublé dans sa possession.

Deuxième époque.—C'est dans le livre de Beaumanoir que se complète le système possessoire :

1° La *complainte en nouvelleté* défend le possesseur contre tout danger de trouble, même contre les menaces.

« Cil meffet, dit Beaumanoir, de quoi volions traitier

[1] Rédigé sous Philippe-Auguste.
[2] Conseil de Pierre Desfontaines, chap. 22, § 17.
[3] Cout. de Beauvoisis, chap. 32, § 1.
[4] Livre 2, chap. 6.

sunt divisés en trois manières, c'est à savoir : force novel, dessaisine et nouvel tourble [1]. »

2° L'annalité est devenue une condition essentielle de la saisine :

« S'on ôte mes vendangeurs ou mes ouvriers d'une vigne ou d'une terre dont j'aurai été en saisine *an et jor*, ce sont nouvel torble et je me puis plaindre [2]. »

3° La durée de toute action possessoire est fixée à un an.

« Qui se veut plaindre de force de novele dessaisine ou de nouvel torble, il s'en doit plaindre *avant que li ans et li jor soit passés*, puis le dessaisine, et s'il lait l'an et jor passer, l'action qu'il avait de novele dessaisine est anéantie et ne pot mes pledier for sor la propriété [3]. »

La procédure de la complainte de force et de dessaisine, rappelait beaucoup celle des interdits romains.

Le dessaisi doit donner *plège* (caution) de poursuivre le *plet* et de payer les frais et dommages et intérêts qu'il pourra encourir. — Le défendeur, sous peine de ressaisir le demandeur, doit *contrapléger*, et la chose est mise *en la main le roi*.

Dans la *complainte de novel tourble*, le séquestre était prononcé sans qu'il y eût besoin d'applégements.

Troisième époque. — La complainte de nouvelleté, affranchie de ces formalités onéreuses, l'emporta bientôt sur la complainte de dessaisine, qu'elle finit même par absorber.

---

[1] Cout. de Beauvoisis, chap. 32, § 1.
[2] Eod., § 3.
[3] Eod., § 9 et 15.

On admit, en effet, peu à peu par fiction que celui qui avait la saisine la conservait pendant un an, indépendamment de tout fait contraire, et la *dessaisine* ne fut plus alors qu'un simple *trouble*.

Dès le commencement du XIVe siècle, Antonius Faber écrivait, après un long développement sur le *casus novitatis* :

« Advocati curiæ Franciæ semper contendunt in turbativa, quæcumque sit vis. »

Simon de Bucy, premier président du parlement, au milieu du XIV siècle, sanctionna cette jurisprudence ; et la complainte de *nouvelleté* remplaça définitivement la complainte de *dessaisine*.

Mais ce n'était qu'une révolution de procédure, et la dessaisine dont Boutteiller et Guy Pape parlent encore au commencement et à la fin du XVe siècle, reparut sous le nom de *réintégrande*.

L'ordonnance de 1539 y fait allusion dans ses art. 62 et 63 ; l'ordonnance de 1667 la consacre formellement dans les art. 1 et 2 de son 18e chapitre.

Mais s'il n'y a point de doute sur l'existence de la réintégrande, il est loin d'en être de même sur son caractère ; et avant l'ordonnance de 1667, comme depuis, les meilleurs esprits se sont divisés sur le point de savoir si c'était la vraie réintégrande, action toute personnelle du droit canonique n'exigeant que la détention actuelle, ou si sous un autre nom ce n'était pas l'ancienne action de dessaisine, action réelle fondée sur la possession d'an et jour, et cette controverse dure encore à l'heure qu'il est.

Telle fut l'origine et le développement des actions possessoires en France.

Sortie de circonstances analogues, la *saisine* présente, avec la *possessio*, deux différences capitales dans ses conditions et dans son caractère ; dans ses conditions : la saisine doit durer depuis an et jour pour donner lieu à la complainte ; dans son caractère : la saisine d'an et jour est un véritable droit sur la chose, se perpétuant pendant une année par sa seule énergie, tandis que la *possessio* disparaissait devant tout fait contraire.

Nous allons maintenant étudier ce qu'il y a de spécial aux meubles dans chacune des époques dont nous avons dû esquisser les caractères généraux.

PREMIÈRE ÉPOQUE.

Nous n'avons ici rien à dire de particulier, mais seulement à montrer par les textes que les mêmes principes étaient communs aux meubles et aux immeubles.

De même que l'inutile tentative de Charlemagne pour réprimer les violences individuelles, avait trait aussi bien à la possession des meubles qu'à celle des immeubles, comme cela résulte des termes absolus du 161e Capitulaire : « Quicumque violenter expulerit *possidentem ;* » de même que la tradition romaine, survivant dans le midi de la France, garantissait la possession des meubles aussi bien que celle des immeubles, puisque le livre *Petri exceptiones* a un chapitre particulier, « *de rapina mobilis rei.* »

De même aussi il ressort des expressions générales de Britton et de La Fleta, que le *premier remédie de disseisine*, le droit de *recoyller amis et force pour engetter le disseisours*, était commun aux meubles ; et quant à la complainte de disseisine, les renseignements de Jean d'Ibelin portent à croire qu'elle s'appliquait aussi aux meubles, puisque si on avait *tornes de bataille quand la carelle était d'un marc d'argent ou de plus*, il en résulte qu'on avait encore l'action sans le *tornes de bataille*, quand elle était de *moins d'un marc d'argent*, ce qui ne pouvait s'appliquer évidemment qu'aux meubles.

Il est d'ailleurs certain que sous la plus ancienne Coutume de Normandie la clameur de *haro* s'intentait pour simples meubles ; enfin Pierre Desfontaines et St.-Louis donnent l'action et l'exception de dessaisine de la façon la plus générale qu'il soit possible.

« Peut plaider, dit Pierre Desfontaines, par devant les bailly del païs de force et de dessaisine de *cui que fie que ce soit* qui est en lor bailly [1]. »

« Nul ne doit en nulle cout plaider dessaisi, est-il écrit aux Établissements ; mais il doit demander sesine en *toute œuvre* [2]. »

Et ailleurs, dans la formule du brief de dessesine, il est dit : « Sire un riche bons est remis a moy d'une maison ou de pré ou de vignes, ou de terres, ou de cens, ou d'*autre chose* et m'a dessaisi, etc. [3]. »

[1] Conseil de Pierre Desf., chap. 32, § 17.
[2] Établis., L. 2, § 6.
[3] Eod. L. 1, § 65.

3

DEUXIÈME ÉPOQUE.

Donc jusqu'à St.-Louis, et tant que la défense possessoire resta inorganisée et incomplète, le droit fut le même
pour les meubles et pour les immeubles ; mais quand à
la seconde époque Beaumanoir compléta et organisa le
système, des deux innovations les plus considérables qu'il
apporta, l'une, l'annalité de possession resta tout à fait
étrangère aux meubles ; l'autre, la complainte en nouvelleté, peut-être commune au principe, finit peu à peu
par leur être à peu près entièrement refusée.

— Que la possession d'an et jour ne fût pas requise
pour la saisine des meubles, Beaumanoir a pris soin de
l'expliquer lui-même :

« En aucun cas me puis-je bien plaindre de nouvelle
dessaisine tout soit que je n'aie pas été ensesiné de le
chose dont je me plains an et jor ; si comme je suis en
saizine d'un *queval ou d'une autre beste, ou de denier
ou de meuble quelqu'il soit*, et par ce pot entendre
qu'on pot bien être ressaizie de telle coze par coustume
qu'on en porterait après *le hart* (la pendaison) si comme
s'on avait le coze dont on serait ressaizi *mal tolue* (enlevée
de force) ou *emblée* (volée) et il est prové clérement [1].

Et cette distinction ressort très-bien dans une hypothèse que rapporte Beaumanoir, où il y avait eu à la fois
spoliation de meubles et d'immeubles.

[1] Chap. 32, § 15.

« Pierre estoit entré en une tère el mois de mars et le fit aréer et semer pesivlement et quand vint à l'aoust il quida *l'aveine soyer* (couper) adont vint Jehan.... qui emporta *l'aveine*. Adont fit Pierre ajourner Jehan sor novele dessaisine et quand ils vinrent en cort, Pierre requiert à être rétabli de *l'aveine* que Jehan en avait emporté... »

Jehan opposa tout à la fois son droit de propriété et le défaut de saisine annale de son adversaire ; pourtant il fut jugé que Pierre serait ressaisi de *l'aveine*. « *Tout n'eût-il pas été mis en saisine an et jor;* mais que fit Jehan ? Quand Jehan eut ressaisi de *l'aveine,* il fit ajorner Pierre qui ressaisis était sor novele dessaisine et proposa qu'à tort et sans cause estait entré en la saisine de *son héritage*, et sans saisine de seigneurs et de novel puis an et jor, » etc.

— Le point de savoir si au principe la complainte en nouvelleté s'appliqua aux meubles, est très-discutable, et malgré le silence de Beaumanoir, peut-être serait-on fondé à supposer l'affirmative, car le plus ancien auteur qui se soit expliqué à cet égard, Bouteiller déclarait expressément :

« *Qu'on peut asseoir complainte de nouvelleté sur chose mobilière.* »

Mais en admettant cette déclaration unique comme vraie au xive siècle, on voit dès le xve la complainte en nouvelleté restreinte aux meubles considérés comme accessoires d'immeubles, et aux universalités de meubles.

« Jaçoit ce que l'on dit que pour *meuble* l'on ne puisse pas intenter le cas de nouvelletté, toutefois si fait bien en deux cas : primo, en cas d'une *succession universelle,* combien que l'on ne fût pas à recevoir, à demander par nouvelleté, une *pinte, une robbe ou autre meuble,* toute fois l'on fait bien à recevoir , à demander *universellement* la succession, supposé qu'il n'y ait que *meubles ;* secundo, si tu prens en *ma justice* un pourceau ou autre *meuble* en justiciant, tu me troubles en ma justice, en raison de quoi l'action de nouvelleté me compéte : mais si je me fonde seulement *super re mobili* non competeret interdictum uti possidetis [1]. »

Pour les meubles singuliers, à part la clameur de *haro* et la *sauvegarde* qui se pouvaient intenter, *tant pour meubles que pour héritages,* aux termes de l'art. 55 de la Coutume de Normandie, et au témoignage de Mazuer [2] : « Item si quis timeat inquietari in sua possessione *mobilis* vel immobilis rei, cum ad æquata sunt interdicta utrubi uti possidetis, virtute *salvæ gardiæ* potest se facere *manuteneri et conservari* in sua possessione et inhibere alteri ne ipsum impediat vel perturbet sub pœna certa, vel salvæ gardiæ infractæ. » Il faut dire, avec Johannes Faber, que, dans la plupart des coutumes, la complainte pour nouvelleté « *pro possessione mobilium non datur* [3]. »

Mais, à la place de la complainte, une procédure toute

---

[1] Grand Coutumier, L. 11, chap. 21.
[2] De possessorio, § 4.
[3] De interdict. § retinendæ.

spéciale s'introduisit, procédure de transition, qui n'était ni une vraie revendication, car les auteurs la distinguent tous de la *simple demande*, ni une vraie action possessoire, car on y « traitait de la propriété, » mais une sorte d'action mixte, appelée *aveu* et *contre-aveu*, qui, au dire de Loysel, devînt de droit commun [1].

« *Pour simples meubles*, on ne peut intenter complainte, mais en iceux échet *aveu* et *contre-aveu* [2]. »

Ailleurs, cette procédure prenait le nom de *dénoncement* [3], *exhibition* [4], *arrêt et ban* [5], et *séel* [6].

Un article de la très-ancienne Coutume de Poitou [7] expliquait ainsi les rapports et les différences de l'aveu et de l'action possessoire.

« *Adveux* applégés ont convenance avec applégements autant que donner plege, et que la chose est tenue en main de court, et se différent d'applègements et se concordent avec demandes simples, entant que *avec la possession est traitée de la propriété*, et à perdre la cause par contumace il convient, quatre défaultx comme en demande simple, et en applègements elle est de 60 sols un denier

---

[1] Livre v, titre 4, n° 754.
[2] Maine, 435.
Touraine, 370.
Poitou, 325, 397. 404.
La Rochelle, 20, 25.
Saintonge, 114,
[3] Anjou, 420.
[4] Marche, 7.
[5] Bayonne, 14.
[6] Acs, titre 1, 6. 8.
[7] L. ii, ch. 21 A. 2.

tournois, et de causes d'adveux peut connaître le bas justicier et il ne connaîtra pas de causes d'applègements. »

Malgré l'énonciation de ce texte, l'aveu n'était que *possessoire*, en ce sens que c'était la possession seule, et non la propriété, qu'on adjugeait.

C'est ce qui résulte nécessairement de ce passage d'Imbert, où il est dit qu'il convient de joindre la demande simple à l'aveu, car « si la demande simple il n'avait été jointe à l'adveu, pourrait, pour raison d'icelle chose encores intenter ation pétitoire, comme l'on peut faire après la sentence donnée en matière de complainte. »

Il est *pétitoire*, et « avec la possession est traité de la propriété » en ce sens qu'il peut être intenté contre tout détenteur ; c'est ce qui résulte de son nom même, *adveu* —advocare : appeler en garantie ; et de l'art. 420 de la Coutume d'Anjou et 435 de la Coutume du Maine : « Et si ledit *acquéreur à titre* ne l'avait encore possédé par ledit temps de trois ans, si tel meuble lui est demandé ou vendiqué par *adveu* ou autrement, il ne s'en peut défendre par ledit temps. »

L'aveu tomba peu à peu en désuétude, et au temps de Charondas (xvie siècle), la pratique du Châtelet qui, à son dire, était « la plus fréquentée et mieux réglée, « n'usait plus de telles formes de procéder ains de « poursuite civile ou criminelle [1], » et l'ordonnance de 1667 ne fit que reproduire les mêmes principes.

---

[1] Notes sur le Grand-Coutumier, L. 2, C. 18.

TROISIÈME ÉPOQUE.

Nous avons vu que l'action de dessaisine absorbée par la complainte de nouvelleté par une révolution de procédure, subsista néanmoins longtemps avec son ancien nom, et c'est justement à l'occasion des meubles que vers la fin du XVᵉ siècle Guy Pape en parlait encore : « Sic etiam audivi quod servatur in regno Franciæ, quando intentatur remedium statuti querelæ de novis dessaisinis quod statutum practicatur etiam *super rebus mobilibus,* sicut super rebus immobilibus [1].

Lorsque plus tard cette même action empruntant un autre nom à la terminologie canonique devint la réintégrande, Imbert s'exprimait ainsi :

« La réintégrande peut être intentée pour la spoliation de *quelque meuble,* jaçoit qu'il ne fust en la maison laquelle le spolié possédait [2]. »

L'art. 2 du chap. 18 de l'ordonnance de 1667 accordait au spolié la réintégrande, d'une façon générale sans distinction de meubles ou d'immeubles, mais au cas de violence seulement.

« Celui qui aura été dépossédé par force et par violence pourra demander la réintégrande. »

Mais si quelques auteurs conservèrent la pureté des anciennes traditions [3], d'excellents esprits confondant

---

[1] Comment. in stat. Quest. 3.
[2] Inst. foren., Ch. 17.
[3] Denisart.

la réintégrande avec l'interdit *unde vi* ou la complainte en nouvelleté, la refusèrent au possesseur de meubles.

« Pareillement, dit Pothier[1], dans notre droit, notre action en réintégrande étant une branche de l'action en complainte, n'a lieu que pour les immeubles et non pour les simples meubles. »

C'est ainsi que peu à peu on en était arrivé à refuser la réintégrande et la complainte pour simples meubles, les universalités seules, étaient protégées par des actions possessoires.

De la maxime qu'en fait de meubles possession vaut titre.

Si la garantie des actions possessoires a été ainsi insensiblement retirée aux meubles singuliers, ce n'est pas que l'on considérât leur possession comme moins efficace que celle des immeubles ; ce fut, au contraire, parce que cette possession, plus énergique par la nature même de son objet, fut entourée d'une garantie plus puissante, qui tendit de plus en plus à se confondre avec la revendication elle-même ; et, selon moi, la procédure de l'*adveu* ne serait que la transition du système purement possessoire, des complaintes, en dessaisine et nouvelleté, au système pétitoire, à la revendication.

Cette maxime, écrite aujourd'hui dans l'art. 2279, qui couvre les possesseurs de bonne foi d'une présomption invincible de propriété, remonterait pourtant aux plus anciens monuments de notre droit ; mais, refoulée et retar-

[1] Possession, n° 108.

dée par l'invasion du droit romain, elle n'aurait triomphé définitivement que dans le xviiie siècle, en sorte qu'il y a, un parallélisme très-intéressant à étudier entre la disparution insensible des actions possessoires en matière mobilière et les progrès incessants du principe, qu'en fait de meubles, possession vaut titre.

Autant qu'il résulte pour moi des textes de Pierre Desfontaines, rapportés par Climrath, et de ceux que j'ai pu étudier dans les établissements de Saint-Louis, on peut avancer, sans trop de hardiesse, que le système reproduit par Bourjon remonte aux premières traditions de notre droit national.

Suivant Pierre Desfontaines, le seigneur d'un meuble ne pouvait *l'entiercer* (le revendiquer contre un tiers), que lorsqu'il en avait perdu la saisine *outre son gré*.

» Si aucun requiert chose ki soit sieue (sienne), il doit dire : je te requier cele chose come miene, qui m'a esté mantolue (prise de force) ou ke j'ai desmanée (perdue) ou autre raison par co elle parts de lui outre son gré [1]. »

Le revendiquant « doit, dit Saint-Louis, jurer sur saints qu'il ne fit oncques chose de quoi il dut perdre la saisine [2]. »

Un texte rapporté par Climrath est encore plus explicite : « il doir jurer sur sainz (saints) que il sole beste, ou seluy avoir ne vendi ne donna, ne enguaga ne presta. Ains que ensi l'a perdue come il a dit [3] »

N'est-il pas permis de conclure de ces textes que le

[1] Ch. 12, § 3.
[2] Etabliss., l. ii, ch. 17.
[3] Assises de Basse-Court, f° 68, col. 1, 2, chap. 197.

tiers qui tient la chose que celui à qui elle a été *enguagée* ou *prestée* ou *donnée* est irrévocablement défendu par sa possession, quelque brève qu'elle soit, puisque l'ancien seigneur de la chose ne peut jurer qu'il en a perdu la saisine *outre son gré*.

Mais ce qui fait ressortir le sens de ces expressions et la portée de la règle qu'elles renferment, c'est la précision de la double exception qu'on y apporte : les textes ne citent que deux cas où le seigneur du meuble puisse *l'entiercer*, le cas de *perte* et le cas de *vol*.

1° Perte : un essaim d'abeilles s'est enfui, « le seigneur juerera seur sains de sa main qu'elles sont seues, et que elles issirent de son essaim a veue et a seue de luy et sans perdre leur veue, jusqu'au lieu où il (le détenteur) les a cueillies. Par itant aura les ès (abeilles), et rendra à l'autre la value du vaissel où il les a cueillies [1]. »

2° Vol : le cas le plus fréquent est celui où la chose est *requise* comme *emblée* (volée) ou *tolte* (prise de force).

« Se aucun accuse autre personne de larrecin, il doit nommer le larrecin, si c'est un queval, ou robes, ou gages d'argent et doit dire en tele manière : je me plaing de tel home et doit mettre quatre deniers dessus la chose pardevant la justice, il m'a emblé tèle chose [2]. » Et alors la revendication procède même contre le détenteur de bonne foi.

« Se uns hons achetoit un cheval, ou un buef ou autre chose et il fust de bonne renommée, et uns autres venist avant et li deiet : cette chose m'a été emblée, et il fut

[1] Établiss., l. 1, ch. 165.
[2] Eod. L. 2. Ch. 12.

bien cogneus, et il ne seurt de qui il l'eust achetée, li autres l'auroit, seil voloit jurer sor sain loiaument qu'elle fut seue, et cil qui l'auroit achetée, si auroit son argent perdu[1]. »

Le défendeur pouvait avouer garant pour se laver du larrecin et exercer son recours, mais il devait perdre la chose, « et se il (le défendeur) disoit sais-je bien de qui je l'ai achetée, et en auré bon garand à terme nommé, et se il amaine son garand à terme donné, et sie en cette manière : l'en me demande ce que vous m'avez vendu, cil doit demander (avoir la chose et il la li doit monstrer) et se il ne la demande à veoir, ainçois la garantisse, ce ne vaut riens, et après la veue, se il dit : ce vous garantirais-je bien, li autres doit être quitte du plet, et avoir son argent du garantisseur... et ainsi il puet de garantisseur jusqu'a sept[2].

On ne trouve pas dans les établissements un seul cas de revendication de meubles autre que de chose emblée ou perdue, et chose encore plus remarquable, l'exception de notre art. 2281 s'y trouve tout au long formulée.

« Et il perdra son *chastel* (meuble) se li marchands ne l'avoit achetée à la *foire de Pâques* et se il l'avoit achetée, il rauroit son argent par la coutume d'Orlenois et seroit hors de soupçons ce étoit hons qui eust *usé et accoutumé* à acheter liex choses et qui fust de bonne renomniee[3]. »

[1] Eod. L. 1. Ch. 91.
[2] Eod.
[3] Eod. L. 2. D. 17.

D'après tout ceci, il n'y aurait donc pas eu d'usucapion pour les *chastels* : le seigneur aurait eu la complainte de dessesine contre le spoliateur, et la requête comme d'emblée contre tout détenteur de la chose volée ou perdue, mais se serait trouvé sans action hors ce cas, contre le possesseur de bonne foi.

Dans le midi de la France, où s'étaient perpétuée la tradition romaine, il dût en être autrement, et lorsqu'au commencement du xive siècle l'étude du Droit romain pénétra dans le Nord, le principe romain faillit étouffer le principe national.

« Usucapion, dit Bouteiller, est la possession que aucun a et peut acquérir sur chose vendue de tenure ou *mobile*, et par espécial sur *chose mobile*, comme joyaux d'or ou d'argent ou autre gage, et selon aucuns, sachez que droiet de saisine de usucapion s'acquiert par tenure de 4 ans pour tant que ce soit à juste titre [1]. »

Des coutumes, il y en eut bon nombre qui adoptèrent l'usucapion triennale du droit romain, mais il y en eût beaucoup aussi qui gardèrent le silence sur la prescription des meubles, et plusieurs d'entre elles, les coutumes du Nord durent résister à l'invasion du droit écrit.

J'en trouve la preuve dans la procédure de l'*adveu* qui se substitua aux complaintes possessoires.

La possession des meubles qui donnait droit d'agir contre les tiers, valait presque la propriété, cette pos-

---

[1] Somme rurale. L. 1 Ch. 48. p. 840, édit. de Charondas. V. aussi L. 1 ch. 43 de la revendication.

session qu'un instant suffisait pour acquérir était devenue plus énergique que la saisine d'an et jor pour des immeubles; comment expliquer cela si ce n'est par l'influence sur le système possessoire du principe que pour
meubles possession vaut titre ?

Il est vrai qu'on distinguait encore la simple demande
(la revendication) de l'adveu, mais ce n'était plus qu'une
question de formules; car, au témoignage d'Imbert, on
pouvait joindre la simple demande à l'adveu et sans
qu'aucune condition de plus fût exigée, on adjugeait la
propriété.

« Toutefois, dit-il, par les ordonnances royaux est
prohibé d'accumuler et poursuivre le possessoire et le
pétitoire ensemble. Mais il faudra entendre ladite prohi-
bition quand il est question de choses immeubles *et non
de meubles*, pour sauver ladite coustume ; laquelle toutefois n'est grandement à sauver, parce qu'il semble que
la demande simple soit superflue, quand elle est jointe à
l'adveu : car l'on pourrait aussi bien déduire la propriété
que la possession, soit que ladicte demande y fut jointe
comme l'on fait en complainte pour conforter seulement
la possession[1]. »

Il n'y avait plus qu'un pas à faire, donner la revendication au possesseur des meubles, et c'est ce qui fut fait
justement au Châtelet, où, du témoignage de Bourjon,
possession pour meubles valait titre de propriété.

Mais il s'en fallait de beaucoup que ces principes fus-

---

[1] Imbert, Inst. for. ch. 17.

sent universellement reconnus, et grande était la question entre les docteurs, quelle prescription il fallait appliquer dans le silence de la Coutume, celle de trois ans, ou celle de trente ans, ou s'il n'y en avait pas à appliquer du tout.

Ainsi sur l'art. 113 de la Coutume de Paris, qui ne visait que la prescription des immeubles, trois opinions se sont produites, toutes trois s'appuyant également sur le droit commun et sur la jurisprudence.

De l'avis de Brodeau, c'était l'usucapion de trois ans qui formait le droit commun, et, du témoignage de Jean Tronçon, « la Cour, par ses arrêts, suivait la prescription triennale du droit romain. » C'était aussi l'opinion de Pocquet de la Livonière; Dunod allait même jusqu'à prétendre que cette prescription était communément reçue dans tout le royaume.

Bugnon et Boerius attestaient, au contraire, que le même temps était requis pour la prescription des meubles et celle des immeubles, et cette doctrine fut suivie par un arrêt du 11 juillet 1738, rendu sur délibéré par la Grand'Chambre.

Enfin la troisième opinion est présentée par Bourjon, qui la fonde sur la jurisprudence du Châtelet.

« La prescription, dit-il, n'est d'aucune considération et ne peut être d'aucun usage quant aux meubles, puisque par rapport à de tels biens la simple possession produit tout l'effet d'un titre parfait. »

Et il a consacré tout un titre pour y expliquer la règle et les exceptions « *De la possession en matière de meubles et de ce qu'elle vaut titre.* »

« En matière de meubles, la possession vaut titre de propriété : la sécurité du commerce l'exige ainsi. La base de cette maxime est qu'on ne possède ordinairement que les meubles dont on est propriétaire : ainsi la possession doit donc quant à ce décider; c'est le meilleur guide, et quel autre pourrait-on prendre sans tomber dans la confusion ? De là il suit qu'en thèse générale les meubles ne sont pas sujets à suite. »

Par meubles, Bourjon n'entendait que les meubles *corporels*, et, par conséquent, que les meubles singuliers, car il a pris soin d'expliquer au chapitre du transport des choses incorporelles, qu'elles ne pouvaient être transmises que par le légitime propriétaire.

A la règle, Bourjon apporte quatre exceptions :

I. « L'effet mobilier *furtif* peut être revendiqué même des mains de l'acquéreur *de bonne foi*, pourvu que le furte soit constaté, et c'est juste exception à ce que dessus.

II. Celui qui a vendu un meuble *sans jour* et sans terme espérant en être payé comptant, peut suivre et revendiquer la chose même des mains de l'acheteur de bonne foi : c'est la seconde exception au principe.

III. Tout meuble déjà *saisi et exécuté* et mis sous la main de justice, peut être saisi et revendiqué : la main de justice le rend tel.

IV. Le propriétaire a le droit de suite et de revendication sur les meubles *de son locataire* qui ont garni sa maison, encore qu'ils ne fussent pas ni saisis, ni gagés à sa requête : mais pour la validité de cette revendication, il faut qu'elle se fasse dans un temps bref, autrement elle n'est pas admissible.

Ce temps passé, et qui se juge par les circonstances, on juge au Châtelet qu'il y a fin de non-recevoir contre la revendication, étant faite dans ce temps, elle milite contre tous et même contre le propriétaire de la maison où le locataire a introduit les meubles qu'il a enlevés.

Telle est la jurisprudence du Châtelet; ainsi il y a quatre cas dans lesquels meuble n'est sujet à suite n'a pas lieu. »

Tout le système reposait, comme on le voit, sur la jurisprudence du Châtelet; mais de même que nous avons vue la jurisprudence du Parlement invoquée par deux opinions contraires avec une même assurance, de même il en fut pour la jurisprudence du Châtelet; et Denizart, qui était procureur auprès de ce tribunal, a écrit :

« Nous tenons au Châtelet pour maxime certaine que celui qui est en possession de meubles, bijoux et argent comptant, en est réputé propriétaire, *s'il n'y a titre contraire,* » ce qui renverserait complétement le système de Bourjon.

Mais Denizart ayant eu la naïveté d'avouer qu'il ne connaissait pas une coutume qui réglât la prescription des meubles, son autorité a peu de poids en cette matière, et la vérité est que la maxime formulée par Bourjon réagit de plus en plus énergiquement contre le principe du droit écrit, et qu'elle fut même sanctionnée législativement dans plusieurs pays [1].

Les Romanistes furent bien forcés de l'accepter :

« Si quis rem sibi creditam aut commodatam citra formam mandati vendat aut quovismodo atienet, *moribus hodiernis,* adversus eum qui rem justo titulo et bonafide accepit, *actionem non habebit rei dominus,* » dit Groën-vegen sur le § 18 des Inst. de oblig. quæ. ex delict.

Antonius Faber adopta la même opinion sous la loi 6 au Code ad. L. C. Trebelliam.

Mais tout en convenant de l'importance pratique de cette maxime, « sed enim cum usu frequentata sit paræmia secundum quam mobilia non habent sequelam. » Voët voulait restreindre autant que possible ce qu'il appelait un divorce avec le droit romain ; « a romano jure *divortium ;* non aliter hanc sententiam admittendam esse quam si ita nominatim inveniatur statute dispositum, aut inveterato firmatum usu [2]. »

Les jurisconsultes hollandais n'en adoptèrent pas moins, malgré ces scrupules, la maxime comme certaine dans toutes ses applications et l'étendirent même aux billets au porteur.

Le principe national avait triomphé du droit romain, et Pothier, dans son commentaire sur la Coutume, s'exprimait ainsi :

[1] Lubec. L. 3, t. 2, art. 1.
Anvers. T. 8, a. 5.
V. Merlin. Quest. vº revendications, § 3.
[2] Voët ad Pand. de rei vind. § 12.

« Il est rare qu'il y ait lieu à la question, *le possesseur d'un meuble en étant parmi nous présumé le propriétaire*, sans qu'il soit besoin d'avoir recours à la
prescription, à moins que celui qui réclame et s'en prétend propriétaire, ne justifiât qu'il en à *perdu* la possession par quelqu'accident, *comme par un vol* qui lui
aurait été fait, auquel cas il ne pourrait pas y avoir
lieu à cette prescription de trois ans qui, aux termes de
droit, n'a pas lieu pour les choses furtives. »

DROIT ACTUEL.

DES ACTIONS POSSESSOIRES EN MATIÈRE MOBILIÈRE

La proposition qui résume nos études historiques sur
la possession des meubles dans l'ancien Droit français, a
été celle-ci : lorsque la possession des meubles n'a plus
été garantie comme possession, c'est qu'elle l'a été comme
propriété ; l'action possessoire n'a disparu que pour faire
place à la revendication.

Du moment donc que notre législation adoptait, dans
l'art. 2279, la maxime formulée par Bourjon, le système
possessoire se trouvait par là même implicitement rejeté,
et c'est ce que M. Bigot de Préameneu expliqua du reste
formellement devant le Corps législatif :

« Dans le Droit francais, on n'a point admis d'action
possessoire distincte de celle de la propriété ; on y a

même regardé le seul fait de la possession comme un titre [1]. »

Il est donc certain que, pour les meubles singuliers, aucune action possessoire n'est recevable, et les seules questions qui se débattent aujourd'hui en cette matière sont celles de savoir si les meubles *immobilisés* et si les *universalités* de meubles peuvent donner lieu à l'action possessoire.

§ I.

Un objet peut prendre son caractère mobilier de trois manières : absolument, relativement, fictivement.

Absolument, quand il devient partie intégrante d'un immeuble par nature.

Relativement, quand sa destination seule le rend l'accessoire d'un immeuble ;

Fictivement, quand il est réputé tel par la puissance de la loi.

I. — Quand un meuble est devenu immeuble *absolument,* toute voie de fait dont il est l'objet peut donner lieu à la complainte ; le trouble ne peut, en effet, s'adresser qu'à la chose considérée comme partie intégrante de l'immeuble, puisqu'elle n'a pas juridiquement conservé d'individualité distincte, et dès-lors que le trouble a porté sur la possession de l'immeuble, la complainte est recevable.

Le tribunal de Douai avait méconnu ce principe dans

[1] Motifs du C. N., p. 788.

l'espèce d'un abattis d'arbres. Voici comment il avait raisonné :

L'action possessoire ne peut protéger que la possession du sol ou des accessoires du sol ; or, dans l'espèce, les arbres ne sont pas réclamés comme accessoires du sol, puisqu'ils en sont séparés et mobilisés : donc, l'action possessoire n'est pas recevable.

D'après ces principes, si les arbres n'avaient été qu'entamés par la hache, il y aurait eu trouble suffisant pour donner lieu à l'action possessoire, puisqu'il aurait porté sur un immeuble, les arbres ayant conservé leur caractère immobilier en conservant leur adhérence au sol, et l'abattis de l'arbre lui-même ne constituerait pas un trouble, parce que l'arbre est mobilisé ? L'arbre est mobilisé, mais par qui ? Par le défendeur. Le défendeur ne peut donc exciper d'une mobilisation qui n'est que le résultat de son délit, et la cour de cassation, par arrêt du 14 novembre 1849[1], a fait justice de cette singulière théorie, qui trouvait, dans la gravité même du trouble, un motif pour le méconnaître.

—Lorsque des meubles immobilisés par nature se trouvent *momentanément* détachés, il est certain qu'ils n'en conservent pas moins leur caractère immobilier.

Mais ce n'est plus alors que *relativement* et par leur destination seule, car, en réalité et absolument par le fait de leur séparation, ils sont redevenus ce qu'ils étaient auparavant : de simples meubles ; et la question de savoir

[1] S., 49. 1. 747.

si l'enlèvement de ces objets peut donner lieu à la complainte nous amène tout naturellement à celle-ci : les meubles immobilisés *relativement* sont-ils protégés par les garanties possessoires.

II.—Cette question, qui divise la doctrine, me semble pourtant assez simple posée dans ses véritables termes :

Demander si la dépossession des meubles immobilisés par destination peut donner lieu à la complainte, c'est demander si leur dépossession porte atteinte à la possession de l'immeuble même auquel ils sont attachés. Si, en effet, il y a trouble à la possession de l'immeuble, comment refuser l'action possessoire ? Et s'il n'y a pas trouble, comment l'accorder ?

Or, la question de savoir s'il y a eu trouble, se réduit à une pure question de fait :

Mon voisin attire dans sa fuie les pigeons de mon colombier ; qui dira qu'il trouble la possession de mon immeuble ?

Ce même voisin, prétendant avoir droit de passage par ma barrière, enlève le cadenas que j'y ai fait poser ; qui dira qu'il n'a pas porté atteinte à la libre possession de l'immeuble lui-même ?

Donc, ce point de savoir si les meubles immobilisés par destination, sont susceptibles de la complainte, se réduira à ce simple point de fait : a-t-on troublé la possession de l'immeuble même ?

L'erreur a été de poser une règle absolue, et cette erreur est venue de la fausse intelligence du § 6 de la loi 7 *de vi* au Digeste, dont voici les termes :

« Illud utique in dubium non venit, interdictum hoc ad res mobiles non pertinere... plane *si quæ res sint in fundo vel in œdibus* unde quis dejectus sit; etiam earum nomine interdictum competere non est ambigendum. »

Ce texte ne signifie pas en effet comme beaucoup l'ont voulu, que le possesseur d'un immeuble, a l'interdit *unde vi*, lorsqu'on le dépossède d'un des accessoires de son immeuble.

Si telle était l'hypothèse prévue, il faudrait dire que l'interdit est accordé indifféremment pour la restitution de tous les meubles *qui in fundo sunt*, car la loi ne distingue pas les meubles accessoires de l'immeuble de ceux qui ne le sont pas; et c'est ce que personne n'a osé soutenir.

Ce que le jurisconsulte Paul a dit, c'est que celui qui a été dépossédé d'un fonds peut, par l'interdit, réclamer avec le fonds tous les meubles *qui in fundo erant;* en un mot, que la restitution d'un immeuble comprend la restitution de tous les meubles qui étaient dessus, ce qui est bien différent.

Pour que la dépossession isolée d'un meuble donne lieu à l'*unde vi*, le paragraphe 4 de la même loi exige, non pas seulement que le meuble soit l'accessoire du fonds, mais qu'il y soit incorporé : « et generaliter ad omnes hoc pertinet interdictum qui de re solo *cohærenti* dejiciuntur. »

Et à ce propos, nous remarquerons qu'en fait les meubles fictivement immobilisés dont la destination résulte de leur attache matérielle à perpétuelle demeure, donneront plus fréquemment lieu à l'action possessoire que ceux qui ne sont unis à l'immeuble que par un lien moral ; mais ce n'est pas là une règle rigoureuse et le contraire pourra bien arriver.

La Cour suprême, en rejetant le pourvoi formé contre un jugement qui avait accordé l'action en complainte pour la restitution du cadenas d'une barrière, semble autoriser la théorie qui vient d'être développée : « Attendu, est-il dit dans les considérants de cet arrêt, que le jugement attaqué reconnaît de la façon la plus formelle que la commune d'Auteuil était en possession du terrain dont la clôture fait l'objet du procès, et que dès-lors l'action en complainte pour *tout ce qui troublait* cette possession, appartenait nécessairement à cette commune, rejette[1].

Toute la différence qui existe entre les meubles immobilisés absolument et les meubles immobilisés relativement, c'est donc que pour les premiers le trouble apporté à leur possession donnera toujours lieu à la complainte, tandis que pour les seconds, cela dépendra des circonstances du fait.

Au reste, dans les deux cas, comme ce n'est pas tant la restitution des objets mobiliers qui est le but de l'action possessoire, que la liberté de la possession de l'immeuble lui-même, il suffira, mais il sera nécessaire que le demandeur ait la saisine d'an et jour de l'immeuble.

[1] S. 42. 1. 965.

L'arrêt de 1849 précité se serait donc à tort appuyé pour accorder l'action possessoire, sur ce que les arbres étaient possédés depuis plus d'une année ; les arbres eussent-ils été plantés de la veille, leur abattis par un étranger n'en aurait pas moins donné lieu à la complainte, puisqu'il n'en aurait pas moins constitué un trouble à la possession du fonds.

III. Enfin il y a les meubles *fictivement* immobilisés, tels que les actions de la banque de France et les actions sur les Canaux.

Les immeubles fictifs ne sont pas susceptibles d'action possessoire.

En effet, pour être réputés immeubles, ils ne cessent pas pour cela d'être incorporels.

Or, les actions possessoires ne peuvent garantir que la possession des choses corporelles ; il faudrait donc créer une seconde fiction en vertu de laquelle les immeubles fictifs qui sont des choses incorporelles seraient susceptibles de possession, ce qui ne serait permis qu'à la loi et ce qu'elle n'a pas fait.

Donc de même que l'ameublissement d'un immeuble par les époux ne peut soustraire un immeuble corporel à la garantie des actions possessoires, de même l'immobilisation d'un droit de créance ne pourra l'y faire participer.

§ II.

Les universalités de droit n'ayant d'existence que *in intellectu* ne sont susceptibles d'aucun fait de possession réelle ; logiquement elles ne peuvent donc donner lieu aux actions possessoires, et c'est ce que le Droit romain avait purement et simplement décidé.

Si, dès le principe, notre Droit accorda la complainte en *nouvelleté* pour défendre les universalités héréditaires, ce ne fut qu'à l'aide d'une fiction : « *le mort saisit le vif* » fiction par laquelle l'héritier le plus proche était indépendamment de tout acte de sa part, *ignorans, etiam invitus*, constitué en possession, non pas seulement de chaque chose· particulière de l'hérédité, mais de l'hérédité même considérée comme *universum jus*.

Dès-lors qu'on admettait que le patrimoine du défunt entrait de plein droit dans la saisine de l'héritier, et que cette saisine était garantie par l'action possessoire, il importait peu qu'il n'y eût que des meubles dans la succession, puisque l'*universum jus* est indépendant des biens dont il est composé.

 Iu principe que le mort saisit le vif découlait donc directement la règle que le grand coutumier a ainsi formulée :

« Combien qu'il ne fûst à recevoir à demander par nouvelleté une *robbe* ou un *autre meuble*, toutefois l'on est bien à recevoir à demander *universellement la* succession quoiqu'il n'y ait que meubles. »

 Plus tard, ces principes furent obscurcis : les commentateurs, pour expliquer la disposition de la Coutume qui donnait la complainte pour universalité de meubles, imaginèrent que l'importance des universalités de meubles les assimilait aux immeubles : *sapit quid immobile,* raison inexacte qui conduisit leurs successeurs à cette erreur énorme de garantir de l'action possessoire la possession des fonds de commerce : ce sont ces inexactitudes échappées aux écrivains du xviᵉ et du xviiᵉ siècle qui ont jeté tant de confusion dans une question toute simple : posée en effet dans ses véritables termes, elle se résout d'elle-même ; et ces véritables termes, comme il résulte de l'explication qui précède, sont ceux-ci :

La fiction qui saisit de plein droit l'héritier de l'universalité des droits de son auteur, existe-t-elle encore ?

Si, en effet, comme dans l'ancien droit, le patrimoine du défunt entre dans la saisine de l'héritier, l'héritier saisi ne sera pas forcé d'intenter une pétition d'hérédité contre l'héritier non saisi qui aura appréhendé la succession, la voie possessoire lui suffira, ou bien la saisine ne serait qu'une vaine apparence entre successibles ; et si l'héritier saisi peut intenter une pétition d'hérédité possessoire, peu importe qu'il n'y ait que des meubles dans la succession, son action n'en sera pas moins recevable, car c'est la succession même qu'il réclame, et non les biens qui la composent.

Or, les art. 724 et 1006 ayant consacré la fiction de la saisine héréditaire, il faut décider que l'héritier le plus proche, ou le légataire universel en l'absence d'héritier réservataire, peuvent intenter l'action possessoire pour une succession simplement mobilière.

Mais, comme nous sommes en matière de fiction, il faudra bien prendre garde d'étendre ce qui doit être strictement interprété.

L'action possessoire pour universalité de meubles ne compètera, comme la pétition d'hérédité, dont elle est l'image, qu'à l'héritier ou au légataire universel saisi, aux termes des art. 724 et 1006, contre ceux-là qui auront appréhendé la succession à titre héréditaire, pour l'universalité ou pour une quote-part.

Comme toute action possessoire, sa durée ne dépassera pas l'année qui suivra l'ouverture de la succession.

Le seul reproche qu'on puisse faire à cette théorie, qui se tient tout d'une pièce, c'est qu'on n'en pourrait pas citer une seule application dans la pratique.

De tout ce qui précède il résulte que si, par la voie possessoire, on obtient la restitution de meubles, ce n'est jamais que par voie indirecte, par l'effet médiat de la complainte immobilière ou de la pétition d'hérédité possessoire, et M. Bigot de Préameneu avait raison de dire que, dans le Droit français, on n'a point admis d'action possessoire distincte de la propriété, et qu'on y avait même regardé le seul fait de la possession comme un titre ; c'est de ce principe, qui a remplacé l'action possessoire mobilière, et que l'art. 2279 a consacré, qu'il nous faut maintenant déterminer le caractère et développer les applications.

CHAPITRE PREMIER.

CARACTÈRE ET PORTÉE DE LA RÈGLE DE L'ART. 2279.

S'il est vrai de dire que les règles trop générales formulées en manière de brocard, présentent, au détail de l'application, des difficultés aussi graves que les lois trop détaillées en présentent à la généralisation de la théorie, cette remarque doit trouver ici sa place, à propos d'une règle qui n'a pas supporté moins de quatre interprétations contraires.

La première opinion n'a vu, dans l'art. 2279, qu'une règle de droit commun, et, dans la possession des meubles, qu'une présomption simple de propriété cédant à toute preuve, et même à toute présomption contraire; la seconde y a découvert la dispense de représenter un titre écrit pour l'usucapion mobilière, c'est-à-dire une exception à une prétendue règle qui n'existait pas; et, en cela, ces opinions ont méconnu toutes deux le sens de l'art. 2279, en ne lui faisant signifier rien du tout.

La troisième opinion lui a attribué une énergie toute exorbitante, entourant tout possesseur d'un meuble, quel qu'il fût, d'une présomption insurmontable de propriété, sacrifiant impitoyablement à l'utilité générale et au crédit public la bonne foi des contrats, et, en cela, elle a méconnu le sens de l'art. 2279, en lui faisant signifier beaucoup trop.

La vérité est entre ces deux extrêmes : l'art. 2279 n'est pas un principe de droit commun, il faut dire que c'est une exception notable au principe général de la transmission des droits réels ; mais cette règle spéciale est encore moins une règle absolue et aveugle, elle ne protége que les tiers-détenteurs de bonne foi, et, ainsi comprise, elle assure le crédit en respectant la bonne foi, dont elle fait sa première et indispensable condition.

I. — Le système qui annihile le plus l'art. 2279, qui l'efface du nombre des principes efficaces, ne voit, dans la possession des meubles, qu'une simple présomption de propriété ; mais, de ces présomptions du dernier ordre, qui cèdent devant toute preuve et même toute présomption contraire ; la possession n'est une cause de préférence qu'en l'absence de toute autre : *melior est conditio prohibentis*.

Cette interprétation, qu'aucun écrivain n'a soutenue, s'autorise, au contraire, d'une jurisprudence presque universelle.

La cour de Montpellier, en 1827.[1], la cour de Nîmes, à deux reprises, en 1833[2] et 1842[3], la cour de Rouen, en 1845[4], l'ont très-nettement précisée :

« Attendu, porte l'arrêt de Rouen, que le principe

[1] S., 30. 2. 188.
[2] S., 33. 2. 202.
[3] S., 43. 2. 76.
[4] S , 46. 2. 105.

consacré par l'art. 2279 du Code Napoléon, n'établit, en
faveur du possesseur, qu'une simple présomption qui
peut être détruite soit par la preuve testimoniale, soit
même par des *présomptions* contraires, pourvu qu'elles
réunissent un caractère de gravité et de précision qui
puisse les faire prévaloir. »

Les autres cours n'ont pas été moins explicites, mais
comme la cour de Rouen, elles se sont contentées de for-
muler leur interprétation, sans la justifier aucunement :
seule, la cour de Montpellier a prétendu motiver sa décision ainsi qu'il suit : « Attendu que, lorsqu'il s'agit de
l'admission de la preuve contre une présomption légale,
l'art. 1352 n'établit que deux exceptions... que rien n'indique que l'intention du législateur ait été d'établir un
troisième cas d'exception dans l'art. 2279 à la règle générale résultant de l'art. 1352; d'où il suit que la fin de
non-recevoir opposée par l'appelante et la preuve ordon-
née par le jugement n'est pas recevable. »

Mais, abstraction faite de tout précédent historique,
l'énergie des expressions de la loi et l'ensemble de ses dispositions, démontrent, au contraire, que l'intention du
législateur a été de dénier l'action en revendication au
propriétaire contre le tiers-détenteur de bonne foi.

1° Il est possible que notre règle soit obscure, et que
ces mots : *possession vaut titre* soient assez difficiles à
expliquer; mais ce qu'il y a de certain, c'est qu'ils signi-
fient quelque chose.

Valoir titre, cela veut dire avoir la même valeur, la
même puissance, produire les mêmes effets qu'un titre.

Or, le mot *titre*, tantôt signifie le fait juridique qui engendre ou transmet le droit, *modus ;* tantôt, la preuve qui en constate l'existence ou la transmission, *instrumentum.*

Mais il ne peut avoir que ces deux sens, et quelque soit celui qu'on lui donne dans l'art. 2279, notre règle dira forcément beaucoup plus qu'on ne le lui fait dire.

Prend-on le mot titre dans sa première acception. alors notre règle signifiera : la possession produit les mêmes effets qu'un mode d'acquérir ; alors la possession n'est plus une présomption simple, elle est élevée à la hauteur d'un titre translatif de propriété.

Prend-t-on le mot titre dans sa seconde acception, alors notre règle signifiera : la possession produit les mêmes effets qu'un mode de preuve ; alors la possession n'est plus une présomption simple, elle s'élève à la hauteur d'une preuve toute faite.

Dams tous les cas, les termes seuls de l'art. 2279 démontrent clairement qu'on est dans un des cas d'exception de l'art. 1352 ;

2° La jurisprudence qui ne voit dans le principe de l'art. 2279 qu'une présomption simple, et non une dispense de prescription pour les meubles, doit montrer par quels textes, ou expliquer par quels principes est réglée l'usucapion mobilière.

Or, c'est ce qu'elle ne fait pas, et c'est ce qu'elle ne peut faire, sous peine d'étranges contradictions.

La prescription sera-t-elle de trois ans ? Mais notre article ne présente cette déchéance que comme une exception exclusivement réservée aux meubles volés ou perdus.

Et si ce n'est pas la prescription de trois ans, et si l'article 2279 ne dispense pas les meubles de la prescription, dans le silence du texte on tombe donc sous l'application de la règle générale de l'art. 2262, qui soumet toute action réelle à la prescription trentenaire, c'est-à-dire qu'on arrive à cette conséquence, deux fois insoutenable, que le possesseur des choses volées et perdues est privilégié, et qu'en principe, l'usucapion de bonne foi est plus longue pour les meubles que pour les immeubles.

Donc, la théorie qui ne voit pas, dans l'art. 2279 un principe excluant la prescription en matière mobilière, a un faux point de départ. Donc il résulte de l'ensemble des dispositions de la loi, que l'art. 2279 peut se ranger dans l'une des exceptions de l'art 1352.

Malgré tout cela, on comprendrait encore que la jurisprudence, dont la tendance naturelle est de substituer l'appréciation du fait à l'inflexibilité des présomptions juridiques, ait ainsi interprété notre règle, si elle avait été une innovation sans précédents dans le droit, mais l'argument historique, qui va trouver sa place dans la réfutation du second système, ne pouvait, ce semble, permettre l'ombre d'un doute.

II. — Suivant Toullier [1], Bourjon n'aurait mis en avant qu'une doctrine déraisonnable, fondée sur la jurisprudence d'un tribunal inférieur dont il ne reste pas de monuments, que Denisart a formellement méconnue, et

[1] T. 14, p. 115.

l'art. 2279, rejetant cette doctrine et revenant aux véritables principes qui formaient le droit commun de la France, aurait consacré la prescription de trois ans du Droit romain, tout en y apportant une sage réforme, qui est de ne pas exiger, pour la prescription des meubles, la représentation d'un titre écrit.

Ainsi :

1° L'art. 2279 repousse le système de Bourjon ;

2° Il introduit une exception aux principes généraux, en retranchant la nécessité d'un titre écrit pour la prescription des meubles ;

3° Il consacre la prescription de trois ans du Droit romain.

Voilà les trois propositions qui résument toute la théorie de Toullier.

1° L'art. 2279 repousse l'opinion de Bourjon.

« En effet, dit M. Toullier, cet article porte : « en fait de meubles, possession vaut *titre*, » mais il ne dit pas, comme Bourjon, vaut « *titre parfait, titre de propriété.* » Il n'a donc pas le même sens, un sens aussi étendu. »

Pour toute réponse, il suffit de mettre en regard de l'art. 2279, le titre du chapitre de Bourjon :

En fait de meubles, possession vaut titre.	De la possession en matière de meubles, et qu'elle vaut titre.

Est-il permis, parce que, dans le commentaire de la règle, l'auteur, pour bien en expliquer la portée, ajoute ces mots plus explicites : *titre parfait, titre de propriété,* de méconnaître que le Code se soit référé à la règle même,

5

qu'il copiait mot pour mot, et peut-on discuter ce point sérieusement ?

2° La seconde proposition repose sur cette idée, que, pour invoquer la prescription, il faut représenter un *titre écrit*, et *l'art.* 2279 y ferait une sage exception en faveur des meubles, parce qu'on n'est pas dans l'habitude d'en constater les mutations par écrit.

Mais cette idée que pour prescrire il faut un acte écrit, est une erreur étrange qui ne peut provenir que de la confusion des deux significations du mot *titre;* le *titre* que l'art. 2265 exige pour l'usucapion, c'est l'*acte translatif de propriété*, et non pas l'*écrit,* c'est le *modus,* et non pas l'*instrumentum.*

Si la loi n'exige donc pas en principe l'existence d'un acte écrit pour prescrire, elle n'a pas pu dans l'art. 2279 faire exception à une règle qui n'existe pas.

3° Enfin l'art. 2279 a consacré la prescription de trois ans du Droit romain : mais l'art. 2279 ne parle que des choses *volées* et *perdues,* et il les soumet à la prescription de trois ans ; tandis qu'en droit romain c'était tout le contrepied : les choses furtives n'étaient pas susceptibles de l'usucapion de trois ans, et la possession n'en était définitivement garantie que par la prescription trentenaire.

Il faut donc rejeter cette seconde interprétation qui contredit l'histoire, le texte et les principes.

.III.—Une troisième opinion qui se rapproche davantage de la vérité, mais en la dépassant toutefois, nous montre la possession des meubles non plus comme donnant lieu à une présomption simple, non plus comme dispensant la prescription de la condition d'un *titre écrit,* mais comme constituant une preuve toute faite, une présomption de propriété insurmontable, qui dispense les meubles de la prescription et paralyse toute revendication.

D'après Delvincourt [1], le prêteur, le déposant ne pourraient revendiquer le meuble prêté ou déposé : la détention élève une présomption invincible de propriété au profit de tous et contre tous.

De pareilles conséquences suffiraient pour juger ce système que repoussent d'ailleurs des textes nombreux et les principes les plus incontestables.

Ainsi, aux termes des art. 1915 et 1934, 1875 et 1885, par exemple, le dépositaire et l'emprunteur sont obligés personnellement à la restitution.

Il est également certain que la propriété de la chose prêtée ou déposée n'est pas transmise à l'emprunteur ou au dépositaire : l'art. 1877 s'en explique formellement.

Or si on donne à l'art. 2279 l'interprétation que propose Delvincourt, on efface à la fois les articles qui établissent l'obligation personnelle et consacrent le droit de propriété, car il y aurait contradiction flagrante à dire : la tradition de la chose d'où dérive l'obligation de rendre est justement le fait qui dispense de cette obligation : le déposant conserve la propriété, mais perd la revendication.

Ce système, également inconciliable avec les textes et

_____

[1] T. 2, p. 644.

les principes des obligations et de la propriété, n'aurait d'ailleurs aucun précédent; il est démenti par le Droit romain et les Coutumes qui exigeaient la bonne foi pour prescrire, et par Bourjon qui n'a écrit sa maxime que pour les tiers détenteurs.

IV. Il nous faut donc maintenant exposer le système eclectique proposé par Duranton et développé par M. Troplong[1], dont les distinctions principales doivent être adoptées, mais qui n'a pas rigoureusement déterminé le caractère de notre règle.

Selon M. Troplong, et en cela il a complètement raison, « l'art. 2279 a été écrit sous l'influence de cette ancienne règle du Droit français inconnue au Droit romain, que les *meubles n'ont pas de suite* : ce qui signifie que tout possesseur à qui le demandeur en revendication ne prouve pas qu'il tient la chose de lui demandeur à titre précaire ou résoluble et qu'il est possesseur de mauvaise foi, trouve dans le seul fait de sa possession une réponse victorieuse à l'attaque dirigée contre lui. »

Ce sont là les vrais principes tels que les avait formulés Bourjon, et qu'on peut résumer dans ces deux propositions :

1° L'art. 2279 ne s'applique pas à ceux qui sont obligés personnellement à la restitution;

2° L'art. 2279, hors le cas de vol ou de perte, fait triompher les tiers détenteurs de bonne foi de la revendication du propriétaire.

[1] Prescript., n° 1043.

1° En réfutant le système trop absolu de Delvincourt, il a été montré par l'autorité des textes et des principes que l'art. 2279 ne *pouvait* s'appliquer à ceux qui sont tenus de restituer par une obligation personnelle.

On se contentera de montrer ici que cette distinction n'est pas contrariée par la généralité apparente de notre article, et qu'elle s'accorde même parfaitement avec sa terminologie.

Ceux-là seuls, en effet, sont couverts par la présomption de l'art. 2279 qui sont en *possession*.

Or, quand le demandeur en revendication a prouvé que le défendeur ne détenait la chose que précairement, il a prouvé que lui-même et lui *seul* était en *possession*, puisqu'aux termes de l'art. 2228, la *possession* est la *détention* d'une chose que nous tenons par nous-mêmes ou par *un autre qui la tient en notre nom*.

L'emprunteur, le dépositaire et plus généralement ceux qui sont tenus à la restitution de la chose, ne peuvent donc invoquer l'art. 2279 contre le propriétaire revendiquant, puisque n'étant pas en *possession*, ils ne sont pas compris dans les termes de l'art. 2279.

2° Les tiers détenteurs sont couverts par une présomption de propriété invincible : les explications de Bourjon ne peuvent laisser aucun doute à cet égard.

« Si le dépositaire vend le meuble déposé entre ses mains, le propriétaire d'icelui ne peut le réclamer des mains de l'acheteur, parce qu'en matière de meubles possession vaut titre. »

L'art. 1141 fournit un exemple analogue.

Le propriétaire d'un meuble le vend successivement à deux acheteurs, et le livre au second qui en reçoit la tradition de bonne foi.

Sans le principe de l'art. 2279 qu'arriverait-il en vertu du droit commun ?

Il arriverait que le premier acheteur qui, par l'effet immédiat de la vente d'un corps certain, en est devenu propriétaire sans qu'il fût besoin de tradition, aurait la revendication contre le second acquéreur, et celui-ci un recours en garantie contre le vendeur ; eh bien ! l'art. 1141 déclare que le second acquéreur est préféré à cause de sa possession.

De même dans le cas de l'art. 2102, 4° la revendication accordée au vendeur sans terme pendant les huit jours de la vente ne peut atteindre le tiers détenteur.

« Si la vente a été faite sans terme, le vendeur peut même revendiquer ses effets, tant qu'ils *sont en la possession de l'acheteur*, etc. »

Nous voilà maintenant fixés sur la portée de notre règle : en matière mobilière, la possession de bonne foi fait triompher les tiers détenteurs de toute revendication, mais quel est le caractère de cette possession si efficace ?

Beaucoup, préoccupés plus qu'il n'aurait fallu de la place de l'art. 2279, ont soutenu qu'il consacrait une *prescription*, et comme l'élément de temps manquait, ils ont dit que c'était une *prescription instantanée*, et que par une fiction la loi réputait le laps de temps immédiatement accompli.

Quelques-uns, s'autorisant des termes de l'art. 2279

et de l'art. 1141, ont vu dans la possession des meubles un *mode direct d'acquérir la propriété*, comparable à l'occupation.

Plusieurs, enfin, n'y ont vu qu'une *présomption invincible* de propriété pour le possesseur, une déchéance insurmontable pour le propriétaire.

Si l'on en croyait Marcadé, cette question serait oiseuse ; dire que pour les meubles il n'y a pas de prescription, ou dire que la prescription des meubles est instantanée, malgré la différence apparente des formules, ce serait toujours exprimer la même idée, et la seconde formule lui paraîtrait beaucoup préférable, parce que, d'une part, elle complète logiquement et en suivant toujours un même ordre d'idées la nomenclature des diverses prescriptions acquisitives (prescription de trente ans, prescription de dix ou vingt ans, prescription de cinq ans, prescription instantanée), et que, d'autre part, la formule : pour les meubles il n'y a pas de prescription, se prêterait à cette fausse idée que les meubles ne peuvent pas s'acquérir par prescription.

Il est vrai que la question roule sur une distinction assez délicate : les droits n'existent en effet qu'à la condition de pouvoir être prouvés : *idem est non esse aut non apparere*, de telle sorte que défendre à une personne de prouver son droit ou le lui enlever, c'est en résultat la même chose : or, quand on enlève un droit réel à quelqu'un, il faut bien que ce droit appartienne à quelqu'autre, de telle sorte que défendre au demandeur d'établir sa propriété, c'est en résultat la transférer au défendeur.

Pourtant on ne confondra jamais une présomption et un titre et une prescription ; une présomption qui n'a trait qu'à la preuve, un titre qui touche à l'existence même du droit, une présomption qui participe de ce double caractère.

Plus d'une fois Marcadé, pour résoudre une difficulté, n'est pas parti d'un principe autre que celui-ci : la prescription de l'art. 2279 est soumise à toutes les autres règles des prescriptions (III, IV), principe qui l'a conduit à des conséquences tout autres que s'il était parti de cet autre : « La possession en matière mobilière est un mode direct d'acquisition. »

La symétrie des nomenclatures ne me paraît donc pas désirable au point d'y sacrifier la rectitude des idées, et si la possession de l'art. 2279 n'est pas une prescription, je crois que le danger serait à ne pas le dire nettement et à ne pas s'en souvenir toujours.

Deux motifs me font penser que l'art. 2279 ne consacre pas une prescription : un motif historique et un motif de principes.

1° Bourjon, auquel il faut toujours en revenir, était bien loin de professer l'opinion de Marcadé, et, à son chapitre de la prescription, il débute ainsi :

« La prescription n'est d'aucune considération ; elle ne peut être d'aucun usage quant aux meubles, puisque, par rapport à de tels biens, la simple possession produit tout l'effet d'un titre parfait, principe qui aplanit toutes les difficultés que le silence que la Coutume a gardé sur cette prescription faisait naître. En effet, quelques-uns prétendaient que pour acquérir cette prescription il fallait une prescription de 30 ans ; mais cela n'était pas raisonnable, vu que, pour les immeubles, lorsqu'il y a titre et bonne foi, elle ne requiert entre présents qu'une possession de 10 ans ; inconvénient qui avait conduit d'autres à dire que conformément à la disposition des Instituts, l. 2, t. 6, il fallait pour prescrire les meubles une possession de 3 années. Ces contradictions cessent par le principe adopté et qu'on vient de poser, principe auquel il faut se tenir comme étant salutaire ; il est étrange qu'on ait tenté de s'en écarter. »

2° Et ce *principe,* qui met fin à toutes les controverses, ne peut en effet se justifier par aucune des raisons dont la prescription s'autorise : il y a, en effet, deux manières d'expliquer le principe de la prescription, soit par l'abandon de l'ayant-droit, soit par la punition de la loi.

Celui qui pendant 10 ou 20 ans laisse un étranger jouir paisiblement de son immeuble sans le réclamer, est réputé avoir librement renoncé à ses droits ; la loi refuse sa protection à celui qui, pendant 30 années, a négligé d'en réclamer le secours, et pour peine de ce long silence, *diuturni silentii,* lui refuse toute action en justice.

Si donc dans toute prescription acquisitive ou libératoire l'élément efficace c'est l'élément de temps, la possession des meubles ne saurait constituer une prescription.

On répond à cela par une prétendue fiction, en vertu de laquelle la loi réputerait le laps de temps immédiatement accompli.

Quand la loi crée expressément des fictions, on doit les interpréter très-restrictivement ; mais quand elle se tait, il n'est pas permis de la faire parler ; car, en vertu de la maxime : « *Fictio operatur*...., » créer une fiction, c'est adopter en même temps toutes les conséquences attachées au fait que l'on suppose. Ici, par exemple, ce serait admettre une foule de conséquences qui découlent de l'idée de laps de temps, c'est-à-dire des solutions fondées sur un fait faux dont la loi n'a pas fait une fiction. Ce qui a sans doute induit les partisans de ce système en erreur, c'est la place de l'art. 2279 ; ils auraient dû se rappeler que tous les auteurs, et notamment Bourjon, sous le chapitre de la prescription, énumérant tous les biens qui y sont soumis, ajoutaient, pour compléter le cadre, que la prescription n'est pas en usage pour meubles, que pour la possession elle vaut titre de propriété.

Le Code, qui suivait ces maîtres, comme il a adopté leurs principes, a également adopté leur classification. On comprend donc que la place de l'art. 2279 est tout-à-fait insignifiante, et qu'on n'en peut pas conclure que la possession des meubles constitue une prescription instantanée.

Dans une seconde opinion, on a considéré la possession des meubles comme un mode direct d'en acquérir la propriété, présentant une certaine analogie avec l'occupation, et il faut avouer que la première apparence des textes du Code et des passages de Bourjon semblent appuyer cette doctrine.

Aux termes de l'art. 2279, la possession des meubles

vaut titre, c'est-à-dire *titre parfait, titre de propriété*, suivant l'explication même de Bourjon; et l'art. 1141, en déclarant que le second acquéreur d'un meuble mis en possession réelle demeure *propriétaire*, renforce encore cette interprétation : la propriété n'a pu, en effet, être transmise par le vendeur, qui ne l'avait plus ; c'est donc la prise de possession qui seule a produit cet effet.

Mais les textes examinés attentivement ne mènent pas si loin, et les explications de Bourjon doivent faire considérer la possession des meubles, non pas comme un mode d'acquérir, mais comme une présomption de propriété.

L'art. 1141 déclare bien propriétaire le second acquéreur d'un meuble, mis de bonne foi en possession réelle ; mais ce n'est pas à dire pour cela qu'il considère la propriété comme l'effet immédiat de la prise de possession ; que si, en effet, cette prise de possession eut été un titre, il aurait fallu dire *devient* et non pas *demeure* propriétaire; donc la loi, en employant cette dernière formule, a montré que la possession ne constituait pas par elle-même un titre, mais qu'elle entourait d'une présomption inébranlable de validité un titre préexistant; et c'est d'ailleurs ce qui s'accorde très-bien avec le silence des art. 711 et 712, qui n'énumèrent pas la possession de bonne foi parmi les modes d'acquérir la propriété, avec les expressions de l'art. 2279, qui ne voit dans la possession que l'*équivalent* d'un titre, et enfin avec le commentaire de Bourjon : « La base de cette maxime est, dit-il, qu'on ne possède ordinairement que les meubles dont on est propriétaire ; ainsi la possession doit donc, quant à ce, décider ; elle est le meilleur *guide*, et quel autre pourrait-on prendre sans tomber dans la confusion ?

Et plus loin il s'explique ainsi : « La possession des immeubles en fait présumer la propriété ; c'est un effet, mais limité, que leur possession a de commun avec celle des meubles, mais qui se réduit à *une présomption qui ne donne aucune atteinte* à la vente. »

Et pour résumer tout ce qui vient d'être exposé dans une définition complète qui détermine la portée de l'article 2279 et en fixe le caractère, je dirai :

La possession des meubles est plus puissante qu'une présomption simple ; elle procure au possesseur autre chose que la dispense de rapporter un titre écrit pour prescrire ; mais ce n'est pas non plus un mode d'acquérir comme la vente ; c'est une présomption invincible, mais non pas absolue, opposable seulement par les tiers détenteurs non tenus d'une obligation personnelle, et ainsi définie, ainsi limitée, elle n'est pas le sacrifice de l'utilité privée au crédit public, et elle se justifie très-bien en raison et en équité.

Les meubles passent en effet de main en main avec une célérité extrême : admettre le droit de suite en matière mobilière, c'eût été exposer tous les acquéreurs intermédiaires à des recours sans fin ; et ce résultat fâcheux pour la circulation des marchandises et la liberté du commerce, eut été injuste ; car tous les acquéreurs ainsi troublés se trouvent dans une erreur invincible, tandis que le revendiquant doit au moins se reprocher la faute d'avoir choisi un dépositaire ou accepté un emprunteur infidèle.

CHAPITRE II.

POUR QUELS POSSESSEURS L'ART. 2279 EST-IL ÉCRIT.

Il a été montré que quiconque était tenu personnellement à la restitution d'un meuble, ne pouvait trouver dans sa possession une présomption invincible de propriété ; mais que la présomption simple qui résulte de la possession tombait devant toute preuve et même devant toute présomption suffisante, apportée par celui qui se présentait armé du double droit de l'obligation et de la propriété.

N'importe quelle soit la cause de cette obligation, *contrat, quasi-contrat, délit* ou *quasi-délit,* dès qu'elle existe, l'art. 2279 ne peut être invoqué : les tiers détenteurs sont protégés seuls par cette présomption puissante.

Mais tous les tiers acquéreurs, qu'ils soient de bonne ou mauvaise foi, à titre gratuit ou à titre onéreux, peuvent-ils indifféremment invoquer cette protection ? Le droit de la réclamer est-il exclusivement attaché à la personne du possesseur ? Les juges peuvent-ils la suppléer d'office ? Les créanciers peuvent-ils l'invoquer au nom de leur débiteur s'il la néglige et s'il y renonce en leur nom personnel ? Autant de questions délicates dont chacune mérite une sérieuse attention.

La plus générale est celle de savoir si les acquéreurs

de mauvaise foi sont garantis par la présomption de l'art. 2279.

On a essayé de le soutenir par deux motifs : un motif de textes, et un motif de principes.

— Un motif de textes : L'art. 2279 n'exige pas la bonne foi; et quand la loi réclame cette condition, elle a toujours pris soin de s'en expliquer :

Art. 549. « Le simple possesseur ne fait les fruits siens que dans le cas où il possède de *bonne foi*. »

Art. 2265. « Celui qui acquiert de *bonne foi* et par juste titre un immeuble, en prescrit la propriété par dix ans, etc. »

— Un motif de principes : Si toute possession n'est pas suffisante pour repousser la revendication, la prescription des meubles n'aura lieu que par 30 ans, et alors il n'y aura plus aucune harmonie entre la possession des meubles et celle des immeubles : la possession est-elle de mauvaise foi, meubles et immeubles sont soumis indifféremment aux mêmes règles ; la possession est-elle de bonne foi, un instant suffira pour garantir la possession d'un meuble d'une protection définitive, tandis qu'il faudra dix ou vingt ans au possesseur d'un immeuble pour en acquérir la propriété.

Si à cause du caractère des meubles, on a cru devoir supprimer la nécessité de la prescription au profit du possesseur de bonne foi, il est impossible qu'on n'ait pas restreint la durée de la prescription dans le cas de mauvaise foi, et qu'on ait soumis aux mêmes règles deux espèces de biens qu'on venait de traiter si diversement.

La réponse est facile à ce double argument ; au texte nous opposons un texte : L'art. 1141, qui n'est que l'application de l'art 2279 à une espèce particulière, exige la condition de bonne foi ; le second acheteur mis en possession réelle demeure propriétaire du meuble vendu, « pourvu toutefois que la possession *soit de bonne foi.* »

A l'argument tiré de l'harmonie du droit, je répondrai par un principe déjà soigneusement développé ; c'est que l'art. 2279 n'est pas fait pour ceux qui sont personnellement obligés à la restitution. Or, celui qui, de connivence avec un dépositaire infidèle, achète la chose qu'il sait ne pas lui appartenir, celui-là s'oblige par le fait même à la restitution, et ce principe justifie complètement la disposition de la loi ; de même qu'il est juste et logique que le dépositaire contre lequel l'action personnelle dure trente ans, ne puisse opposer pendant ce temps aucune fin de non-recevoir à la revendication ; de même il est juste, il est logique que son complice, également obligé comme lui, ne soit protégé par aucune fin de non-recevoir.

Il y en a qui, tout en admettant cette solution, parce que l'art. 1141 leur paraît tranchant, prétendent que la loi a oublié de régler la prescription des meubles, et que l'intérêt du commerce et de la circulation des marchandises exigeait une prescription plus courte que pour les immeubles ; mais c'est là une grave erreur : de deux choses l'une en effet ; ou le meuble est encore dans les mains du détenteur de mauvaise foi, et alors pourquoi le protéger avant **30** ans contre l'action réelle, puisque l'action personnelle peut toujours l'atteindre? il faut, dans l'intérêt même du commerce, déjouer la fraude et faire triompher le bon droit; ou bien le meuble est passé en d'autres mains, et alors le tiers détenteur de bonne foi peut opposer l'art. 2279 : dans aucun cas il n'y a entrave à la circulation des meubles; il y a seulement respect au droit et à la bonne foi.

Des possesseurs, nous avons éliminé tous ceux qui étant personnellement obligés à la restitution, ne sont pas de simples détenteurs; des tiers détenteurs, nous avons écarté ceux qui sont de mauvaise foi; tous ceux qui sont de bonne foi sont-ils protégés par l'art. 2279? N'y a-t-il pas des distinctions à faire quant au titre en vertu duquel ils possèdent? Les possesseurs à titre gratuit, les donataires peuvent-ils invoquer notre maxime? Difficulté qui n'a pas encore été soulevée, et que nous avons réservée comme *position*.

Il reste maintenant à examiner quel est le caractère de ce droit; s'il est exclusivement attaché à la personne du possesseur, si les juges peuvent le suppléer d'office, si les créanciers peuvent l'exercer au nom de leur débiteur ou même en leur nom personnel.

Il est certain que le possesseur d'un meuble actionné en revendication peut à son gré invoquer le bénéfice de l'art. 2279, ou y renoncer sans s'exposer à perdre pour cela son recours contre le vendeur.

La possession ne constitue pas en effet un titre qui lui ait transféré définitivement la propriété, de sorte qu'il ne puisse renoncer à l'avantage qui en résulte, sans donner lieu à une seconde mutation ; mais s'il fait défaut, on néglige d'opposer ce moyen : le juge ne pourra pas le suppléer d'office.

L'art. 2223, bien qu'il ne soit pas directement applicable, puisqu'il ne s'agit pas d'une prescription, fournit une puissante analogie, et même donne lieu à un *a fortiori*.

La règle est, en effet, que le juge peut suppléer les moyens de fond, mais non les fins de non-recevoir ; et si l'art. 2223 a disposé que les juges ne pourraient suppléer le moyen de la prescription, que les art. 712 et 2262 ont élevée à la hauteur d'un titre acquisitif, à plus forte raison en sera-t-il de même du moyen tiré de l'art. 2279 qui ne constitue qu'une présomption en faveur du possesseur, une déchéance contre le revendiquant.

Le bon sens indique d'ailleurs assez que le juge doit respecter la délicatesse de celui qui refuse ou néglige de se retrancher derrière des fins de non-recevoir.

Ce n'est pas à dire toutefois que ce soit là un de ces droits exclusivement attachés à la personne dont l'art. 1166 a refusé l'exercice aux créanciers : le revendiquant ne peut se prévaloir du silence du possesseur ; il est déchu de son droit de suite ; et du moment que cette déchéance lui est opposée, il doit en subir les conséquences.

Mais si les créanciers peuvent comme représentant leur débiteur exercer tous ses droits, ils sont soumis aux

6

mêmes exceptions, et lorsque celui-ci sera obligé personnellement à la restitution du meuble, ses créanciers ne pourront avoir la prétention d'opposer l'art. 2279, même alors qu'ils auraient dirigé une saisie.

Une espèce s'est présentée où ces principes n'ont pas été universellement reconnus :

Bourjon, rappelant la jurisprudence du Châtelet, a écrit que les créanciers qui ont saisi un meuble vendu mais non livré, peuvent repousser l'acquéreur, et M. Troplong, en s'autorisant de ce passage pour déterminer quels doivent être les caractères de la possession, semble jusqu'à un certain point adopter la solution.

Mais du moment que la vente est antérieure à la saisie, je ne pense pas que les créanciers puissent invoquer l'art. 2279. D'ayants-cause qu'ils étaient, ils ne sont pas devenus tiers pour les faits antérieurs à la saisie, sans quoi aucune revendication sur saisie ne serait possible, ce qui contredirait l'art. 608 C. pr., et du moment que les créanciers représentent le saisi et que le saisi étant tenu de l'obligation personnelle de livrer ne peut invoquer aucune présomption tirée de sa possession, ils ne le peuvent pas non plus; pour que cela fut possible, il faudrait qu'ils eussent un droit propre, indépendant; au lieu d'être des ayants-cause, il faudrait qu'ils fussent des tiers; au lieu d'être de simples créanciers saisissants, il faudrait qu'ils fussent des créanciers gagistes.

Le silence du possesseur n'empêche donc pas les créanciers d'invoquer la présomption de l'art. 2279.

La renonciation personnelle peut-elle leur être opposée ? Ou n'ont-ils pas eux-mêmes un droit propre que le fait de leur débiteur ne peut leur enlever.

Quand l'art. 2225 n'eut pas tranché explicitement la question en matière de prescription, et quand même on ne pourrait pas invoquer cette analogie, je soutiendrai encore que les principes seuls conduiraient à décider que les créanciers ont le droit personnel d'opposer le moyen de l'art. 2279.

Si la loi donne, en effet, aux créanciers le droit propre d'attaquer les actes quels qu'ils soient de leur débiteur, lorsqu'ils sont faits en fraude de leurs droits, il est une nature d'actes pour lesquels elle ne s'est pas montrée si exigeante, et s'est contentée qu'il y eut un préjudice quelconque, ce sont les renonciations à certains droits acquis.

Les textes établissent ce principe en en présentant de nombreuses applications ; c'est ainsi que les art 622, 788, 1053, 2225 décident expressément que la renonciation à un droit d'usufruit, de succession, de substitution ou de prescription, ne peuvent jamais préjudicier aux créanciers du renonçant.

Et ces textes reposent sur une saine appréciation du caractère des renonciations.

Les renonciations ne sont, en effet, ni des actes à titre onéreux, ni des actes de libéralité ; elles ont un caractère tout spécial, et justement à cause de ce caractère spécial, elles sont régies par des dispositions particulières.

Ce ne sont pas des actes à titre onéreux : en effet,

celui qui renonce se prive d'un avantage sans en recevoir d'équivalent.

Ce ne sont pas des actes de libéralité non plus: car la considération de la personne n'étant pour rien, l'intention libérale n'existe pas.

De cause civile à la renonciation il n'en existe donc aucune : il n'y a que des motifs; la loi n'a pas voulu, et en cela elle a sagement fait, que sans cause, et sur de simples motifs, le débiteur put préjudicier aux droits de ses créanciers.

En renonçant au bénéfice de l'art. 2279, le débiteur n'a pas entendu donner, il a entendu rendre; il n'a pas fait un acte juridique constituant un droit pour le revendiquant; il a fait un acte d'appréciation morale essentiellement personnel; ses scrupules ne sont pas opposables à ses créanciers.

La présomption de l'art 2279 peut être invoquée contre toute personne quelle qu'elle soit, et c'est encore là une des différences de la présomption de notre article avec la prescription qu'elle peut être opposée même au mineur, et à la femme mariée sous le régime dotal.

CHAPITRE III.

POUR QUELS MEUBLES LA POSSESSION VAUT-ELLE TITRE.

Si la brièveté de l'art. 2279 a laissé beaucoup d'obscurité sur ce point de savoir quelles personnes pouvaient invoquer le bénéfice, il n'est pas plus explicite, et par suite on n'a pas moins discuté sur cette question : pour quels meubles la possession vaut-elle titre ?

Il ne serait pas possible en effet, pour l'interprétation de ce mot *meubles*, de recourir à l'art. 533, dont la prétention a été de le définir lorsqu'il est employé seul dans les dispositions de la loi, sans être réduit à soustraire à l'application de l'art. 2279, la plupart des choses pour lesquelles il a été justement écrit ; les pierreries, les livres, les médailles, les instruments des sciences, des arts et métiers, le linge, les chevaux, les équipages, les armes, les grains et les denrées et tout ce qui fait l'objet d'un commerce.

La définition imprudente de l'art. 533 ne doit être suivie que lorsqu'il s'agit d'interpréter la volonté des contractants, et encore faut-il en user avec une grande réserve; mais de l'aveu de tous, jamais le mot meuble, employé dans une disposition de la loi, ne peut être entendu d'une manière si restreinte, ni dans les art. 452 et 453, ni dans les art. 805, 825, 2101, 2102, 2119, ni enfin dans l'art. 2279.

L'art. 533, faisant défaut il devient nécessaire de dégager le principe d'application pour en déduire les conséqueces.

Il y en a qui, trompés par l'apparente généralité de l'art. 2279, sans se préoccuper des précédents historiques ou des motifs de la loi, ont soutenu que l'art. 2279 s'appliquait à tous les meubles corporels ou incorporels indistinctement.

Merlin qui professe cette opinion, invoque pour tout argument la lettre de la loi et du rapprochement de l'art. 2279 et de l'art. 530, qui déclare meubles les rentes et créances ; il conclut que la présomption de notre maxime s'étend à tous les objets qui sont meubles par détermination de la loi, connue à tous ceux qui le sont par leur nature.

La seule différence qu'il reconnaisse pour l'application de l'art. 2279 entre les meubles corporels et les meubles incorporels, autres que les billets au porteur, c'est que la possession qui vaut titre ne s'acquerrait pas pour les uns de même que pour les autres ; en effet, cette possession qui se transmet pour les meubles réels, par la tradition de la main à la main, ne peut s'acquérir pour les meubles fictifs que par la remise des titres précédée d'un acte de cession ; mais une fois acquise, soit de l'une soit de l'autre manière, la possession produit à l'égard des deux espèces des meubles le même effet ; elle vaut titre pour les meubles fictifs comme pour les meubles réels.

Mais avouer que la tradition des créances ne peut s'opérer que par la remise des titres, précédée d'un acte de cession, c'est faire une concession qui entraîne le système ; du moment, en effet, qu'il est reconnu que pour le transport un acte écrit est nécessaire, le motif sur lequel l'art. 2279 repose fait défaut, et il ne reste plus qu'un vain argument de texte auquel on répond victorieusement par le commentaire de Bourjon : au titre de la vente des choses incorporelles par la voie du transport, il s'exprime ainsi [1] : « On acquiert les droits incorporels par la voie du transport qu'en fait le légitime proprié-taire ; » puis il explique plus nettement encore sa pensée : « On dit qu'on les acquiert par la voie du transport fait par le légitime propriétaire, parce que par rapport aux droits incorporels, la simple possession du titre ne suffit pas ; il faut droit et qualité pour pouvoir les céder et qu'il y ait véritablemenent transport pour opérer trans-lation sauf l'exception des billets à ordre. »

En reproduisant la formule même de Bourjon on n'a pu vouloir en modifier le sens.

Donc, l'art 2279 ne s'applique pas aux choses incor-porelles.

Marcadé, tout en reconnaissant que la plupart des meubles corporels sont régis par l'art. 2279, et que la plupart des meubles incorporels en sont exceptés, fait cependant remarquer que, d'une part, il y a des meubles incorporels qui y sont soumis ; d'autre part, qu'il y a des meubles corporels qui ne le sont pas.

Ainsi il résulte de l'art. 193 du Code de commerce, que les navires, bateaux, etc., qui sont cependant des meubles, aux termes de l'art. 531, Cod. Nap., ne sont pas régis par l'art. 2279 : et il est certain que les valeurs au porteur, qui ne sont que des meubles incorporels, aux termes de l'art. 530, tombent sous l'application de la règle qu'en fait de meubles possession vaut titre.

Le motif qui fait donc qu'un meuble est ou non sus-

[1] T. 1, p. 46.

ceptible de suite, ce n'est donc pas, conclut l'illustre auteur, qu'il est corporel ou incorporel, ce motif il faut le chercher dans le principe de l'adage lui-même : pourquoi a-t-on ainsi sacrifié la propriété mobilière à la possession ? Pourquoi le second acheteur mis en possession de bonne foi est-il préféré au premier ? Parce qu'il n'est pas dans l'usage de constater par écrit la transmission des meubles, et que le tiers possesseur est donc dans une erreur invincible, tandis que le propriétaire doit au moins se reprocher d'avoir mal placé sa confiance.

Ce caractère qui fera qu'une chose tombe ou non sous l'application de l'art. 2279 est donc celui-ci : est-on dans l'*usage* d'en constater la transmission par écrit ? Ce qui se réduit à une pure question de fait.

Malgré tout ce qu'une pareille argumentation paraît avoir de sérieux, il faut soutenir au contraire que l'article 2279 ne s'applique, en thèse, qu'aux meubles corporels.

Il y en a deux motifs :

1° Bourjon n'entendait parler que des meubles *corporels*, et il a pris soin de dire que pour les meubles fictifs la possession ne valait pas titre.

2° La transmission légale des meubles réels se fait par le seul consentement et ne se constate pas par écrit ; la transmission légale des meubles fictifs s'opère par un acte de transport écrit : mais cela n'exclut pas quelques exceptions pour que les deux propositions objectées fussent considérées comme l'application de la règle , et non comme deux exceptions en sens contraire, il faudrait que rien ne les justifiât en dehors de l'art. 2279 ; or la première résulte d'un texte précis, et la seconde ressort de la nécessité même des choses ; donc dès là qu'elles ne sont pas tirées de l'art. 2279, elles ne peuvent servir à en déterminer la portée; donc l'art. 2279 comme règle ne s'applique qu'aux meubles corporels et s'applique à tous les meubles corporels.

Le caractère mobilier d'une chose n'est pas toujours absolu, en sorte que, par rapport au propriétaire d'un fonds et ses ayants-cause, telle chose sera immobilière, qui sera mobilière pour tout autre ; de là la première question est de savoir par rapport à qui la chose doit être meuble pour être régie par notre maxime.

Le caractère mobilier n'est pas pour beaucoup de choses un caractère immuable, de nombreux faits peuvent mobiliser des immeubles, de sorte qu'au moment du contrat une chose pourra être immobilière qui au moment de la tradition sera meuble : de là la seconde question est de savoir à quelle époque il faut considérer la chose pour lui appliquer l'art. 2279.

Ces deux questions résoudront toutes les difficultés qui peuvent se présenter quand les meubles se rapprochent des immeubles au point de se confondre, et on déterminera ainsi la limite où commence l'application de l'art. 2279.

Ensuite il faudra fixer le terme où elle finit, c'est-à-dire résoudre la question de savoir à quel point les meubles cessant d'être corporels pour devenir incorporels, échappent ainsi à l'application de notre règle.

1ʳᵉ *Question.* — Par rapport à qui faut-il considérer l'objet, est-ce par rapport au propriétaire ou au tiers détenteur ?

La question se présentera toutes les fois qu'une chose de nature mobilière n'est immobilisée que par l'intention du propriétaire.

Espèce. — Le fermier vend à un tiers de bonne foi des objets attachés par le propriétaire à l'exploitation de la ferme : l'art. 2279 est-il applicable ?

Je n'en fais pas le moindre doute ; les objets attachés à une exploitation en réalité sont meubles ; ils ne sont devenus immeubles que par une fiction, mais cette fiction n'existe qu'à l'égard du propriétaire et de ses ayants-cause, ses héritiers, créanciers, fermiers : mais par rapport aux tiers, la chose a conservé sa nature de meuble, et il est relativement au tiers ce que le caractère de la chose doit être considéré, puisque c'est à cause de sa bonne foi et de la fatalité de son erreur que l'art. 2279 le garantit de sa protection.

2ᵉ *Question.* — A quelle époque faut-il considérer le caractère des biens transmis ? Est-ce à l'époque du contrat ou à celle de la prise de possession ?

Dans le cas où la chose n'a été mobilisée que pour la tradition, la question présente un grand intérêt : si, en effet, on considère le moment du contrat, l'art. 2279 ne s'appliquera pas ; si c'est le moment de la prise de possession, il s'appliquera.

Il faut dire que, dans tous les cas, la mobilisation opérée de bonne foi par l'acheteur le met à l'abri de la revendication.

La question se réduit en effet à savoir si la vente d'immeubles, pour être mobilisée, est mobilière ou immobilière; car si la vente est une vente de meubles, la situation est régie par l'art. 1141, et par conséquent par l'art. 2279, dont il n'est que l'application.

Or, la vente est mobilière lorsque l'objet de la vente n'est pas considéré comme immeuble, bien qu'il le soit actuellement, mais comme meuble, tel que le fera la séparation du sol : ainsi, celui qui achète une coupe de bois n'achète pas un immeuble, mais des meubles. Ce n'est pas des arbres, c'est du bois qu'il achète : ainsi, celui qui achète une maison pour la démolir, n'achète pas un immeuble, mais un meuble. Ce n'est pas une maison, c'est des matériaux qu'il achète.

Donc la vente est purement mobilière; donc elle est régie par l'art. 1141; donc l'art. 2279 est applicable.

Mais, de la manière même dont la question est posée, il suit que la mobilisation, que nous reconnaissons suffisante pour l'application de l'art. 2279, est au moins indispensable, et il faut repousser la doctrine de la cour de cassation, qui a fait résulter la tradition d'une coupe de bois des circonstances suivantes : que l'acheteur avait établi un garde-vente pour la coupe des taillis, et avait payé les contributions.

Ainsi, pour les meubles qui sont rattachés aux immeubles soit par un lien moral, soit par un lien matériel, on peut poser ces deux règles : le caractère de meubles, pour ceux qui ne sont pas attachés matériellement, se détermine par rapport à l'acheteur; pour ceux qui sont attachés matériellement, il faut déterminer leur caractère au moment de la prise de possession, et tels que les fait la mobilisation.

Maintenant qu'on a déterminé la limite où commence l'application de l'art. 2279, il faut fixer le terme auquel elle finit.

La difficulté se présente surtout lorsque le meuble semble se composer à la fois d'une chose corporelle et d'un droit.

Ainsi, un arrêt a décidé que la propriété d'un manuscrit et le droit de l'éditer pourraient faire l'objet d'un don manuel, et cela en vertu de l'art. 2279.

Il y a dans cette décision une double erreur : la première, c'est que l'art. 2279 n'est pas applicable au don manuel, puisque cet article ne vise que l'hypothèse d'un tiers acquéreur.

Mais l'erreur qu'on va s'attacher à réfuter ici, c'est celle qui voudrait faire l'application de l'art. 2279 à la propriété littéraire, artistique ou industrielle.

Le mal vient de ce qu'on a confondu deux choses qu'on devait soigneusement distinguer : le manuscrit, le produit industriel, l'objet d'art, œuvre de l'auteur, qui a sa valeur comme autographe, comme objet d'utilité ou de luxe, comme œuvre d'art, bien tout matériel, meuble corporel, et puis le droit exclusif de faire éditer le manuscrit, de faire reproduire la composition par la gravure, le dessin, la médaille, ou de fabriquer certains produits industriels, bien immatériel, meuble incorporel.

Quant au premier, le meuble corporel, quelqu'en soit

la valeur, l'art. 2279 est applicable ; ce sont choses précieuses, inestimables peut-être, à cause de l'excellence de l'art ou de l'empreinte du génie ; mais le droit a des règles communes pour les biens de même nature, sans s'attacher à leur valeur.

La possession de ces meubles corporels, qui vaut titre, fera-t-elle supposer valablement la propriété des droits de publication, de reproduction, de fabrique? Je dirais oui si la transmission du meuble corporel entraînait nécessairement celle du meuble incorporel, car alors notre règle, s'appliquant au meuble réel, s'appliquerait par la nécessité des choses au meuble fictif, qui serait lié à sa destinée ; mais la transmission d'objets d'art n'entraînant pas nécessairement celle du droit de reproduction, la propriété artistique restera soumise aux principes du droit commun, et celui-là seul en deviendra propriétaire, qui en aura été investi par l'auteur, l'artiste, l'inventeur ou leurs légitimes représentants.

CHAPITRE QUATRIÈME.

CONDITIONS DE LA POSSESSION EXIGÉE PAR L'ART. 2279.

Après avoir montré quelle était la portée de la règle de l'art. 2279, et par rapport aux *personnes* et par rapport aux *choses*, il faut ici déterminer quels caractères

particuliers doit présenter la possession pour engendrer cette présomption puissante qui a été ci-dessus définie.

Aux termes de l'art. 1141, la possession doit être *réelle* et de *bonne foi*.

Elle doit être *réelle* :

L'art. 2279 est écrit pour régler les rapports du propriétaire et du débiteur : donc la tradition qui sera nécessaire pour transmettre la possession exigée par l'article 1141 devra être une tradition opposable aux tiers ; et pour être opposable aux tiers, la tradition devra se révéler par un fait *extérieur* et sensible ; c'est en ce sens qu'il faut entendre le mot réel de l'art. 1141, et non pas en l'opposant au mot *fictif*.

La signification des mots possession réelle étant donnée, il faut en déterminer l'étendue.

Plusieurs auteurs, commentant l'article 1141 par l'article 1606, n'ont voulu voir de possession réelle que dans la remise des objets de la main à la main ; mais l'art. 1606 n'a aucun trait à la question, il a été écrit pour une tout autre hypothèse.

L'art. 1141 s'occupe en effet de la possession à l'égard des tiers ; l'art. 1606, de la possession entre les contractants.

Il faut donc rechercher un à un les modes de tradition, pour déterminer lesquels sont réels dans le sens de l'article 1141, lesquels ne le sont pas.

—Il est d'abord certain que la tradition *manuelle*, soit à la personne même, soit à son représentant (art. 2228), constitue au premier point la possession réelle, car il y a acte extérieur sur l'objet même.

—Il me paraît encore certain qu'il y a tradition réelle, quand par mon ordre on a apporté la chose dans mes magasins, bien que je n'y aie aucunement touché, ni moi, ni gens pour moi ; ou lorsqu'un animal a été, par mon ordre, conduit dans mes prairies, ou mêlé à mes troupeaux.

Il y a encore là un fait extérieur qui révèle aux tiers le changement de possession.

—Il y a encore possession réelle quand de l'huile ou du vin ont été, par mon ordre, versés dans mes tonneaux ;

—Quand des marchandises ont été marquées de mon cachet ;

—Quand j'aurai préposé quelqu'un à la garde des objets ;

—Mais la *remise des clefs* ne suffit pas pour transmettre la possession réelle que veut l'art. 1141.

Si, en effet, la remise des clefs n'est que *symbolique* entre les parties contractantes, elle ne pourra à l'égard des tiers, constituer une possession réelle ; or, je vais montrer que sous notre code, la tradition par la remise des clefs n'est qu'une tradition symbolique, tandis que, en droit romain, c'était une tradition vraie, et je me trouve ainsi en contradiction double avec M. Troplong.

La confusion est venue de ce qu'on ne s'entend pas sur la valeur des mots *tradition symbolique*.

D'après tous les commentateurs, on a toujours compris par là la tradition d'une chose par une autre qui la représente : le symbole porte sur *l'objet,* de telle sorte qu'on dira que la possession est réelle, si par un moyen quelconque on a la chose en sa puissance, symbolique si on n'a eu en sa puissance qu'une représentation de cette chose : voilà l'idée vraie.

Ceci posé, quel est le caractère de la tradition par la remise des clefs.

En droit romain, la remise des clefs doit avoir lieu *apud horrea ;* on transmet aussi la puissance exclusive et immédiate sur les objets : la clef n'est la représentation de rien, elle est tout simplement le moyen d'exercer la puissance : la tradition est donc réelle.

Si on n'exige pas la condition *apud horrea*, les clefs ne sont plus alors que la représentation de la chose, la tradition n'est que symbolique. Deux possessions réelles ne peuvent en effet coïncider sur le même objet, et rien n'empêche qu'au moment même où les clefs sont remises à l'un les choses ne soient livrées à l'autre de la main à la main ; de cela il faut conclure que la remise des clefs n'est qu'une remise symbolique dans notre droit, puisqu'on n'exige plus la *præsentia rei*.

M. Troplong est arrivé à une solution toute contraire ; pourquoi ? parce qu'il a vu la fiction là où elle n'était pas, et ne l'a pas vue là où elle était.

Suivant lui, la tradition est réelle quand il y a appréhension manuelle, symbolique quand on se contente d'en prendre possession *oculis et affectis ;* le symbole est dans le *mode* de prise de possession, de telle sorte que le Droit romain exigeant la *præsentia rei*, il voit là une possession symbolique, et le Droit français ne l'exigeant pas, une possession réelle.

Le résultat de ce système suffit pour le faire juger :

car on arrive à ceci : que la remise des clefs faite dans les magasins n'est que symbolique, tandis que la remise des clefs faite à 25 lieues serait réelle.

— Il faut encore moins voir dans la remise des *titres* une possession réelle, et quant à la tradition par le seul consentement des parties, lorsque le transport ne peut pas s'en faire au moment de la vente, ou lorsque l'acheteur est convenu que la chose restera pendant un certain temps entre les mains du vendeur qui la conservera pour lui à titre précaire, comment dire qu'elle constitue une possession assez éclatante, assez réelle pour pouvoir être opposée aux tiers?

La possession réelle dont on vient de déterminer les caractères, ne suffit pas pour donner lieu à la présomption de l'art. 2279 ; il faut l'*intention* et la *bonne foi*.

— Il faut l'*intention* : On ne veut pas seulement dire par là que l'enfant et l'interdit qui ne peuvent pas posséder, ne peuvent non plus profiter de l'art. 2279, ce qui est d'évidence, mais j'adopterais la solution du jurisconsulte Priscus, en décidant que celui qui achète un meuble et à qui on en livre un autre, ne possède pas le meuble livré de manière à pouvoir invoquer l'art. 2279 ; il le tient il est vrai matériellement ; mais l'erreur dans laquelle il est sur l'identité de l'objet, empêche que l'intention ne coïncide avec le fait, le fait tombant sur un objet, l'intention sur un autre.

— Il faut la *bonne foi* : Il est évident que le possesseur doit au moins croire à l'existence d'un titre, mais cette croyance suffit-elle, ou bien faut-il qu'il y ait un

7

titre dont il ignore seulement les vices : en un mot, la bonne foi parle-t-elle sur l'*existence* du titre même, ou seulement sur ces *qualités ?*

L'art. 2279 est encore muet sur ce point ; et de même que pour savoir si la possession doit être de bonne foi il a fallu recourir à l'art. 1141, de même pour savoir en quoi doit consister cette bonne foi, il faut recourir à l'art. 550.

Le Droit romain se contentait de l'*error probabilis*, mais notre droit s'est montré plus exigeant, l'art. 550 définit ainsi la possesseur de bonne foi : « Celui qui possède comme propriétaire en vertu d'un acte translatif de propriété, doit-il ignorer les vices. » L'erreur ne tombe que sur la qualité et non sur l'existence du titre.

Or, cet acte est commun aux meubles et aux immeubles ; l'art. 549, dont il définit un des termes, est conçu de la façon la plus générale : « Le simple possesseur est tenu de rendre les produits avec la *chose* au propriétaire qui les revendique.

L'art. 550 ne s'occupe, il est vrai, que d'un seul effet de la possession de bonne foi, l'acquisition des fruits, mais la définition de la bonne foi est générale : il n'est pas permis de supposer que la signification du mot bonne foi soit autre pour l'acquisition des fruits, autre pour l'acquisition de la chose, et il répugnerait à l'harmonie du droit qu'il fut plus difficile d'acquérir les simples produits d'une chose que cette chose même.

Si la loi se montre jusqu'à un certain point exigeante pour le possesseur sur les conditions de sa possession, elle le dispense, en revanche, par le double motif qu'il est défendeur, et que la bonne foi est toujours présumée, de tous les embarras de la preuve, et c'est sur le revendiquant que le fardeau en retombe dans tous les cas.

Cette règle me paraît absolue, et je ne saurais me ranger à la doctrine d'un arrêt de la Cour de cassation qui a décidé que, lorsque le propriétaire d'un objet mobilier est expressément désigné par la loi, il n'y a plus lieu d'appliquer la règle qu'en fait de meubles, possession vaut titre; Napoléon avait cédé pendant les Cent Jours, au duc de Bassano, 40 actions au porteur sur les canaux du Loiret, qui faisaient partie de la liste civile et qui avaient été restituées aux héritiers d'Orléans, en vertu de l'art. 10 de la loi du 5 décembre 1814. La Cour de cassation a jugé que le duc de Bassano était présumé de mauvaise foi, parce que personne n'est censé ignorer la loi. Je comprendrais le système qui dirait, qu'en fait, la publicité de la loi rend la bonne foi invraisemblable; mais le système qui prétend établir en droit une présomption invincible de mauvaise foi, me paraît illogique; la maxime : nul n'est censé ignorer le droit, a été restreinte au droit criminel; dans le droit civil on n'a pas reproduit l'ancienne distinction de l'erreur de fait et de l'erreur de droit qui a tant préoccupé les docteurs : la question de savoir si on est de bonne foi est une question de fait, sur laquelle la présomption dont il s'agit ne peut exercer aucune influence.

CHAPITRE CINQUIÈME.

EXCEPTIONS A LA RÈGLE DE L'ART. 2279.

L'art. 2279 souffre deux espèces d'exceptions : il y a des exceptions *radicales* introduites pour certains meubles, à cause de leur *nature même*, il y a des exceptions *temporaires* qui suspendent seulement l'application dans certaines circonstances.

Ces premières sont spéciales à quelques meubles, les secondes sont communes à tous les autres.

1° Il y a deux exceptions *radicales*, modifiant en sens inverse la règle de notre article, l'une en faisant *entrer* sous son application une certaine classe de meubles *incorporels*, l'autre en faisant *sortir* une certaine classe de meubles *corporels*.

Bien qu'aucun texte ne s'en soit formellement expliqué, c'est un point hors de toute contestation, que la possession des *valeurs au porteur* est protégée par la présomption de l'art. 2279, et la raison en est que la créance est en quelque sorte matérialisée ; elle s'est incorporée au billet, elle s'est faite monnaie ; et d'ailleurs le caractère de ces valeurs, c'est justement que la tradition de la main à la main soit le mode légal d'en transférer la propriété.

De même, en sens inverse, il résulte des termes de

l'art. 193 du Code de commerce, que les navires et autres bâtiments de mer ne sont pas soumis à l'article 2279 ; leur importance les rapproche des immeubles, et d'ailleurs la transmission en a toujours lieu par écrit.

2° Les exceptions *temporaires* communes à tous les autres meubles, sont au nombre de deux ; les meubles *volés* et les meubles *garnissant la maison louée*, peuvent être revendiqués même des tiers acquéreurs de bonne foi.

La première exception est écrite dans la deuxième partie de notre article.

« Néanmoins, celui qui a perdu ou auquel il a été volé une chose, peut la revendiquer pendant trois ans, à compter du jour de la perte ou du vol, contre celui entre les mains duquel il la trouve ; sauf à celui-ci son recours contre celui duquel il la tient. »

Bourjon n'avait excepté de sa règle que les choses volées, et beaucoup reconnaissant la justice de l'exception pour le cas de vol, en ont critiqué l'extension au cas de perte, et ceux-là même qui la défendent ne le font que sous le bénéfice de certaines restrictions.

Mais tous ont oublié que les choses perdues rentraient dans la catégorie des choses volées : la chose perdue, en effet, ne devient pas *res nullius ;* celui qui s'en empare pour se l'approprier commet un vol au préjudice d'un inconnu : et il était même inutile de parler de choses perdues pour les soustraire à l'application de la règle ; l'exception du vol suffisait.

—Il ne s'est pas formé moins de trois opinions pour définir le sens du mot vol dans l'art. 2279, et toutes trois peuvent s'autoriser de plusieurs arrêts :

La première opinion soutenue par Toullier, trop pénétrée des idées romaines, range dans le vol non–seulement l'escroquerie, mais encore l'abus de confiance, au point que l'exception envahirait la règle et qu'on pourrait dire de l'art. 2279 ce que Gaïus disait de l'usucapion en matière mobilière : « in rebus mobilibus non facile procedit ut bonæ fidei possessoribus usucapio competat. »

Mais cette opinion est repoussée et par le texte de l'article 2280, et par le témoignage de Bourjon, de Woët et des jurisconsultes hollandais ; la réforme que proposait M. de Lamoignon, dans le sens de l'opinion ici combattue n'a point été adoptée.

La seconde opinion présentée par M. Troplong et consacrée par la cour de Paris, assimile complètement l'escroquerie au vol.

M. Troplong reconnaît franchement que c'est étendre le sens du mot vol, de l'art. 2279 ; mais il soutient que la personne dont le meuble a été escroqué, n'ayant donné aucun consentement sérieux, aucun reproche ne peut lui être adressé, et qu'on doit donc la préférer au possesseur de bonne foi.

Mais il vaut mieux adopter l'opinion qui soutient au texte même de l'art. 2279, expliqué par l'art. 401 du Code pénal, car celui qui s'est laissé tromper par un escroc si habile, qu'on le suppose, doit plutôt porter la peine de son imprudence, ou au moins de son fait, qu'un tiers détenteur absolument irréprochable.

— Le délai de trois ans après lequel la revendication n'est plus admise n'est pas une prescription, c'est une simple déchéance ; c'est ce qui résulte de la disposition de l'art. 2279, qui fait courir dans tous les cas le délai à partir du jour de la perte ou du vol, et c'est d'ailleurs ce que l'on reconnaît unanimement.

De là résulte quelques conséquences assez importantes: la première c'est que ce délai de trois ans court à l'encontre de tous sans distinction de capacité.

La seconde c'est que le possesseur actuel, eût-il acheté du voleur lui-même, et n'eût-il qu'un jour de possession, pourra repousser la revendication, pourvu que le vol remonte à plus de trois années.

Enfin, la nature de cette déchéance fournit encore un argument puissant pour établir que l'art. 2279 ne consacre pas une prescription : car l'harmonie du droit eût exigé, si l'art. 2279 eût édicté une prescription, que l'exception ne portât que sur la durée, et non pas sur le caractère même du titre ; dès-lors qu'on ne peut pas dire que les meubles volés se prescrivent par trois ans, on ne pourra dire non plus que les meubles se prescrivent instantanément, et de même qu'il y a déchéance après trois ans de la revendication des choses volées, de même on doit dire qu'il y a déchéance immédiate de la revendication des meubles aliénés à titre onéreux.

On sait que fait soustrait un meuble à l'application de l'art. 2279, et quel est le caractère de cette exception, il faut maintenant faire connaître quelles circonstances en modifient les effets, ou même les font entièrement disparaître.

L'art. 2280 est ainsi conçu : « si le possesseur actuel de la chose volée ou perdue, l'a achetée dans une
foire ou dans un marché, ou dans une vente publique,
ou d'un marchand vendant des choses pareilles, le propriétaire originaire ne peut se la faire rendre qu'en rem-
boursant au possesseur le prix qu'elle lui a coûté. »

Doivent être considérés comme marchands, dans le
sens de cet article, tous ceux qui font un commerce *pa-
tent*, ou leurs employés, commissionnaires, courtiers ;
et c'est avec raison qu'un arrêt de Nîmes, du 7 mars
1827, a décidé qu'un individu qui colporte clandestinement des marchandises, n'est pas un marchand dans le
sens de l'art. 2280.

Un arrêt du parlement de Paris, du 6 avril 1780, a
jugé que celui qui avait acheté des huiles d'un voiturier
infidèle, qui avait pris un faux nom, ne pouvait être exposé aux recherches du propriétaire. M. Troplong, dans
son *Commentaire de la vente* adopte cette solution, par
le motif que l'acheteur avait eu un juste sujet de croire
que le vendeur était un marchand de profession.

Malgré l'autorité qui s'attache à une ancienne tradition et au suffrage de M. Troplong, il faut pourtant repousser cette solution.

L'art. 2280 ne se contente pas que l'acheteur ait eu de
justes causes de croire qu'il contractait avec un marchand, elle exige formellement que ce soit un marchand
qui ait vendu, et après tout, l'acheteur n'est plus au
cas de l'arrêt de 1780, dans cette situation irréprochable
que la loi a voulu protéger : s'il a été trompé sur la
qualité du vendeur, c'est à lui d'en subir les conséquences

plutôt qu'au propriétaire à qui rien ne peut être re-
proché.

—Telles sont les circonstances qui modifient les effets
de l'exception du n° 2 de l'art. 2279, pour que l'exception disparaisse entièrement, il faut que la chose volée
perde ce caractère, il faut qu'elle soit restituée : que le
propriétaire connaisse ou non le fait de la restitution ,
l'art. 2279 reprend son empire, la distinction du jurisconsulte Paul irréprochable *ex apicibus juris* répugne à
l'équitable simplicité de nos lois ; mais il faut au contraire adopter la solution romaine dans le cas où le propriétaire volé rachète sa propre chose sans le savoir.

La question se réduit en effet à ceci : la chose a-t-elle
conservé le caractère de chose volée ; et, dans ce cas, le
propriétaire a-t-il renoncé à son droit de revendication,
car s'il s'agit d'une chose volée et si aucune fin de non-
recevoir ne peut être opposée au propriétaire, la revendication doit réussir.

Je dis que la chose n'a pas perdu le caractère de chose
volée : le vol ne s'efface en effet que par la restitution :
or, dans l'espèce, la chose est bien revenue *in potestatem
domini*, suivant l'expression romaine, mais elle n'y est
pas rentrée *tanquam res sua*, mais comme chose achetée
res empta, elle n'a pas été restituée ; le fait qui purge
le caractère des choses volées ne s'est donc pas produit.

En second lieu, je dis que le propriétaire n'a pas renoncé à son droit de revendication ; puisqu'en achetant
il ignorait le vol, il n'a pu renoncer au droit qu'il ne connaissait pas :

Tant qu'il reste en possession, il s'opère une sorte de confusion qui empêche l'exercice de l'action mais qui ne l'éteint pas et dès là qu'il perd la possession sans un fait propre qui l'obligerait à la garantie, la revendication renaît à son profit.

Il est encore une hypothèse assez délicate que le jurisconsulte romain a prévue, c'est le cas où le propriétaire ayant reçu l'estimation de la chose volée, vient la révendiquer entre les mains du possesseur.

Un fait certain, c'est qu'il ne peut avoir à la fois et la chose et la valeur ; aussi la question est-elle seulement celle-ci : Le propriétaire volé peut-il, en offrant la valeur de la chose volée, forcer le possesseur à la lui remettre.

La loi romaine répond que non ; mais cette réponse n'est que la conséquence du principe de la novation judiciaire, principe tout particulier au Droit romain, qui laisse donc entière la question dans notre droit ; et elle se trouve réduite à savoir si le fait d'avoir reçu l'indemnité constitue une renonciation au droit de suite ; car il est sûr que si cette fin de non-recevoir ne peut être opposée au propriétaire, la chose ayant conservé son caractère restera soumise au n° 2 de l'art. 2279. Or, si le propriétaire a accepté une indemnité, c'est qu'il ne pouvait faire autrement. Est-ce que l'équité pourrait souffrir que le voleur, après avoir payé cette indemnité et subi sa peine, pût se servir de la chose volée aux yeux du propriétaire même ? Personne n'admettra ce résultat, et on forcera alors le voleur à rendre l'objet même, sauf remise de sa valeur.

Mais si, vis-à-vis du voleur, le propriétaire n'a pas renoncé à son droit de revendication, il n'y a pas renoncé davantage vis-à-vis de ses ayants-cause : donc la revendication pourra être intentée pendant trois ou trente ans, suivant que le possesseur sera de bonne ou mauvaise foi.

—La seconde exception avait été apportée par la jurisprudence du Châtelet à la règle qu'en fait de meubles possession vaut titre en faveur du propriétaire, pour son gage sur les meubles garnissant sa maison : l'art. 2012 l'a reproduite : on se contentera de signaler ici l'existence de cette revendication qui met en jeu des principes étrangers à notre matière.

Ces deux exceptions sont les seules qu'on ait empruntées à l'ancienne jurisprudence.

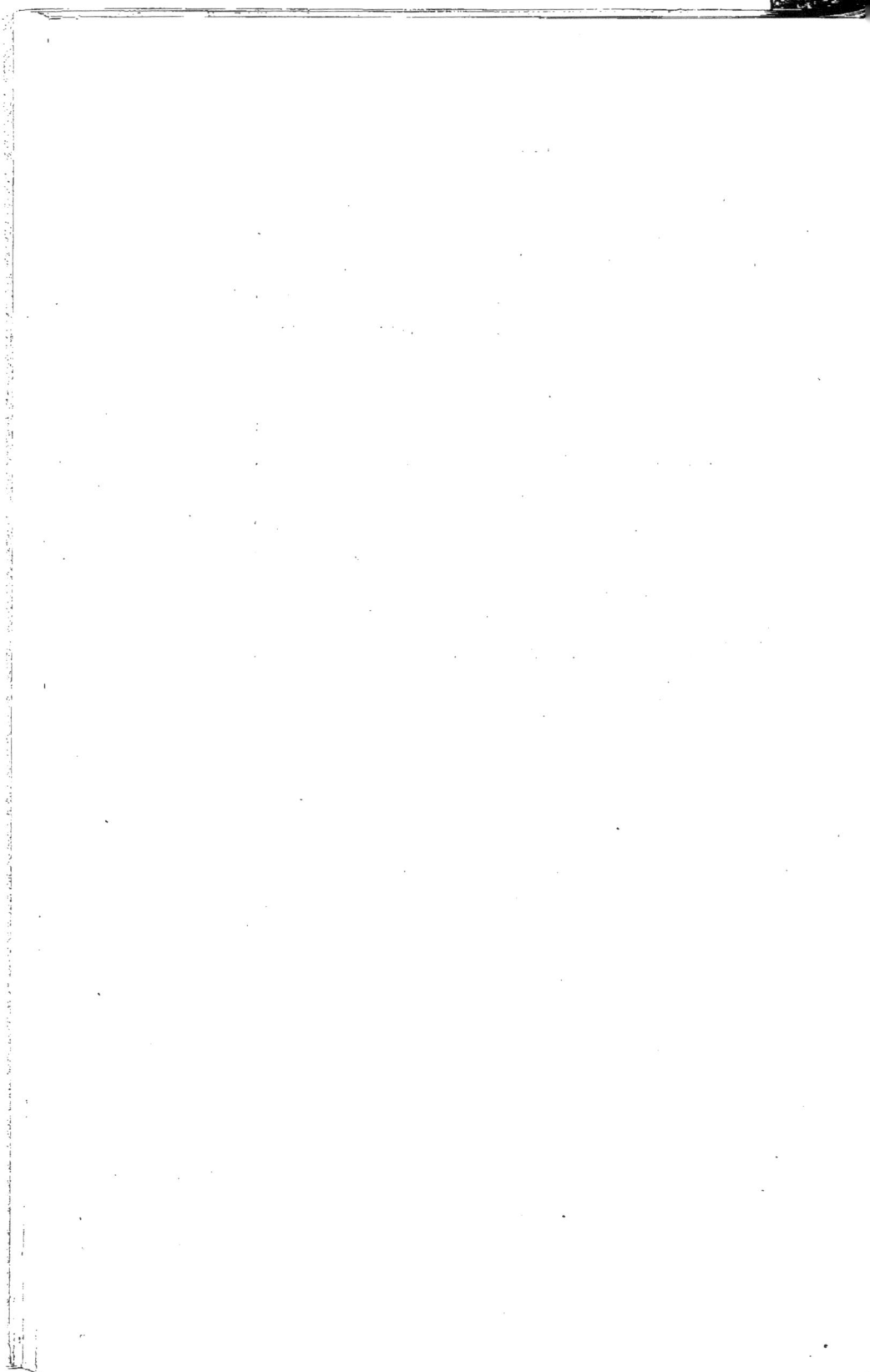

POSITIONS.

DROIT ROMAIN.

I.

La *signatio* est un fait suffisant pour opérer tradition [1].

II.

Celui qui possède un édifice ne possède pas *ut singulæ* les choses mobilières qui en font partie intégrante, alors même qu'elles auraient conservé leur forme propre [2].

III.

On ne peut promettre le fait d'autrui [3].

IV.

Celui qui a acheté d'un *furiosus* peut intenter la publicienne [4].

---

[1] L. 14. § 1 D. de peric. et commod. rei vendit.
Non obst. L. 1 § 2 eod.
[2] L. 23. pr. § 2 de usurp. D.
Non obst. L. 30 § 1 eod.
[3] Inst. de inut. stip. § 3.
Non obst. L. 5 de duob. reis. D.
[4] L. 7 § 2 de public. D.
Non obst. L. 2. § 16. pr. accept.

DROIT CIVIL FRANÇAIS.

I.

Le possesseur à titre gratuit ne peut pas invoquer l'art. 2279.

II.

Les livres, manuscrits des bibliothèques, les pièces des archives, les objets d'art des musées de l'Etat ne sont pas soumis à l'art. 2279.

III.

Lorsque de plusieurs défendeurs, l'un ayant fait défaut, le profit du défaut a été joint, le demandeur qui ne comparaît pas lors du second jugement, ne peut plus l'attaquer par la voie de l'opposition.

DROIT CRIMINEL.

I.

Lorsqu'un individu, condamné correctionnellement à un emprisonnement de plus d'une année, se rend coupable d'un délit de chasse, il n'y a pas lieu d'appliquer les peines de la récidive.

II.

Lorsque le jury a constaté un délit en écartant les circonstances aggravantes qui en auraient fait un crime,

c'est à la Cour qu'il appartient de statuer sur les circonstances atténuantes.

DROIT INTERNATIONAL.

I.

Une première condamnation rendue à l'étranger ne
peut donner lieu à la récidive.

II.

La femme étrangère n'a pas d'hypothèque légale sur
les immeubles de son mari situés en France.

Vu par le doyen, Président de la Thèse :

Caen, le 10 Mai 1855.

C. DEMOLOMBE.

Permis d'imprimer,

Pour le Recteur en tournée,

L'inspecteur d'Académie délégué,

F. VENDRIÈS.

Caen.—Imp. E. Poisson,

BIBLIOTHEQUE NATIONA
Désinfection 1975
N° 2545

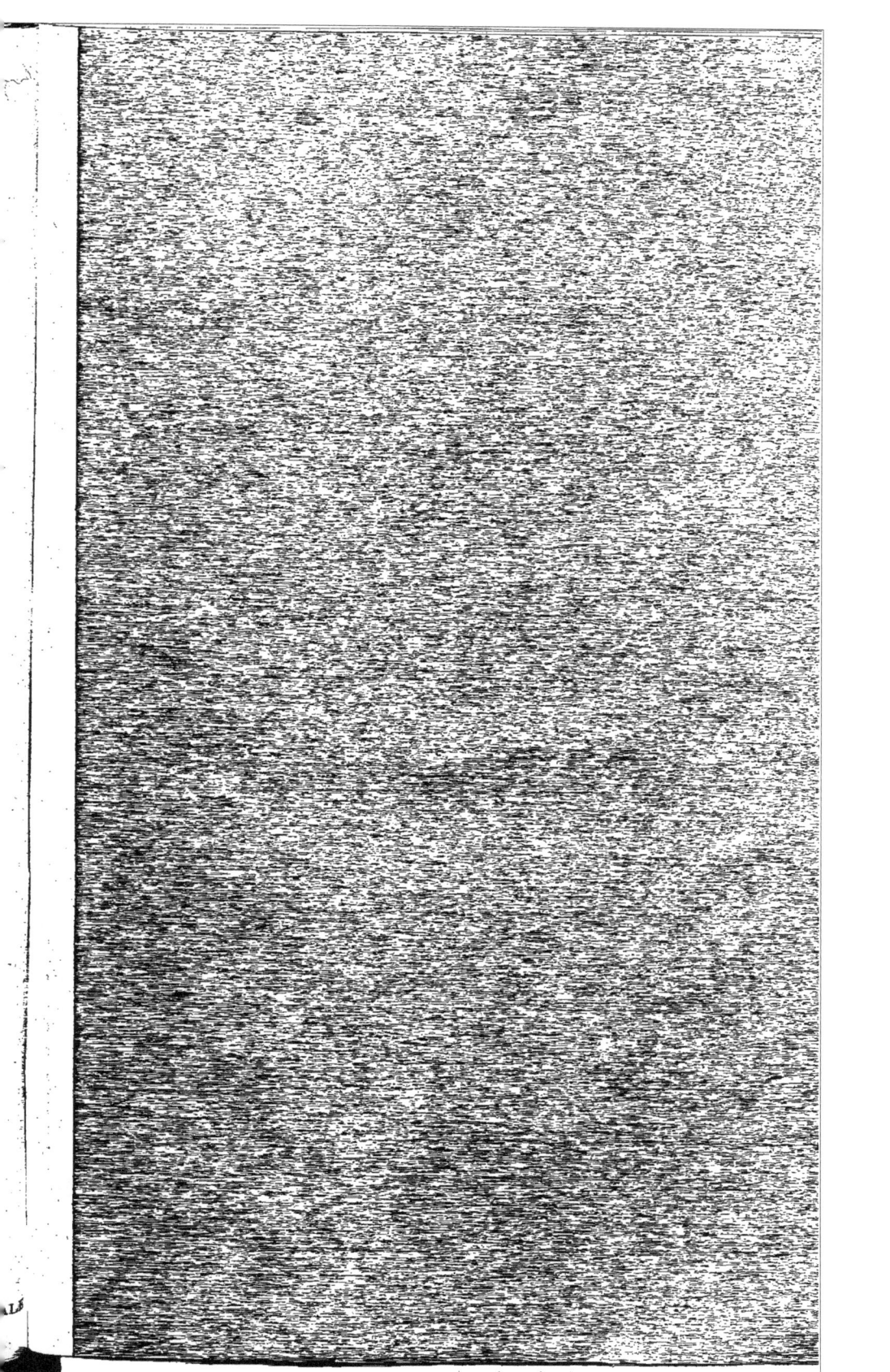

BIBLIOTHEQUE NATIONALE DE FRANCE

3 7502 00859195 2

www.ingramcontent.com/pod-product-compliance
Lightning Source LLC
Chambersburg PA
CBHW062026200326
41519CB00017B/4943